個別AO入試指導のプロ直伝

世界標準
AO式子育て

DKスギヤマ

Clover クローバー出版

はじめに

いま、多くの若者や子どもたちが、

「やりたいことが見つからない。どんな職業が向いているかわからない…」

と悩み、途方に暮れています。

子どもだけでなく、親御さんも、

「わが子には、目立った特徴がない。得意なこともない…」

と嘆いている人が多いことに驚かされます。


わたしは、幼少期から13年間をニューヨークで過ごし、1998年に当時はまだ珍しいAO入試（アドミッションズ・オフィス入試）で慶應義塾大学湘南藤沢キャンパス（以下、SFC）に合格しました。

その後、19歳のときに教育業界でビジネスを始め、その後は経営者として20年以上、海外を中心にさまざまなプロジェクト経験を積んできました。

その間に、ぶれない「自分軸」を持てるよう育ててきた長男が、ＡＯ入試でＳＦＣに合格。Ａｐｐｌｅ社の世界の学生向けアプリコンテスト（Swift Student Challenge）で、日本人で唯一入賞を果たしました。

本文でも紹介しますが、長男は決してなんでもできる優等生ではなく、できることとできないことの差が激しい発達に凸凹のある子でした。

教育業界を経験し、経営者としてもビジネス経験を積み重ね、個性のまったく異なる４人の子どもたちを育ててきたからこそ、わたしは、

「いまの日本には、世の中で生き抜く力を育てる教育が必要だ」

と強く感じ、本書の執筆に至りました。

ＡＩに職を奪われるというような話題を耳にすることも増えてきた昨今、この原稿を書いている最中も、まさに人間と会話するかのように返答をしてくれる「ＣｈａｔＧＰＴ」が話題になっています。

このＡＩの圧倒的に優秀な返答能力を目の当たりにし、いまある職業の大半がなくなるという話題にもいよいよ現実味を帯びてきた感があります。

まさに、時代の過渡期にある現代、子育てにおいても大きな発想の転換が必要です。

いわば江戸時代から明治時代に大きく時代が動いたときのように、未来を生きていく子どもたちを育てる現代の親は、これまでの常識から離れて、新時代の教育、子育てをしていく必要に駆られていると言えます。

それにもかかわらず、親のあなたが育った時代のこりかたまった常識のなかだけで、

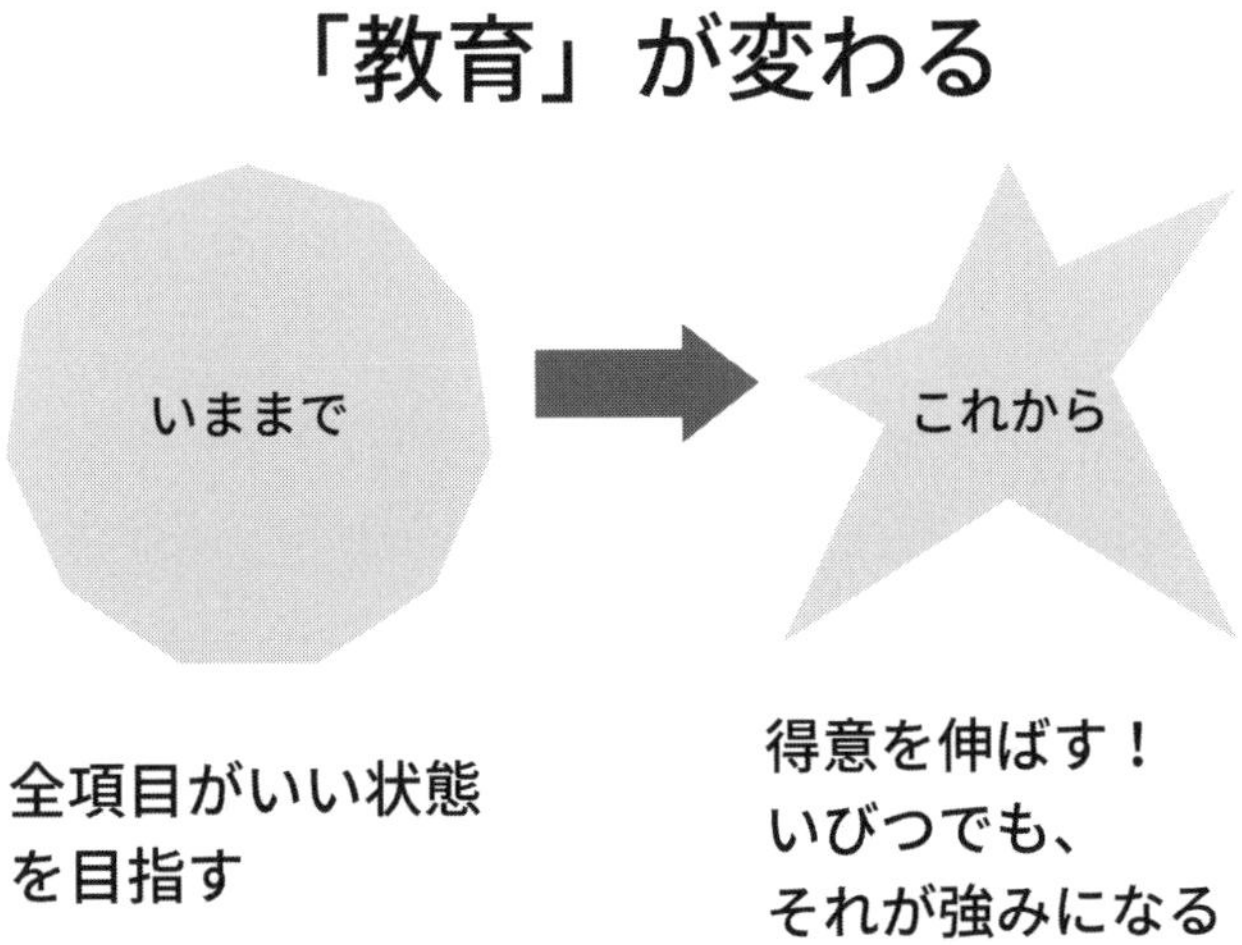
「教育」が変わる
いままで
これから
全項目がいい状態
を目指す
得意を伸ばす！
いびつでも、
それが強みになる

子どもを評価してしまってはいませんか？

これからの激動の世の中で生き抜く子どもたちには、人間の持つ「考える力」「新しいものを生み出す力（0から1を生み出す力）」が求められているのです。

変化が当たり前の時代を力強く生き抜くために、かならず持っておきたいものは何だと思いますか？

それは「自分軸」です。

自分軸は子どもの「強み」になり、「自分で未来を切り拓いていくための力」や「指針」になります。

自分軸が育っていれば、就職先で「選ばれる」のはもちろんのこと、社会に出たあとも、自分の未来を「選ぶ」ことができるようになるでしょう。

そして、わたし自身と長男がＡＯ入試で合格した経験から、「自分軸」を育てることが、いま激増中の大学のＡＯ入試の突破につながるということがわかったのです。

そこで、わたしは「自分軸を育てる子育て法」を「ＡＯ式子育て」と呼び、現在もさまざまな講演でレクチャーしながら成果を出し続けています。

本書では、

・親子2代でＳＦＣにＡＯ入試で合格したポイント

・わたし自身の育ってきた環境から考える、日米の教育や子育ての違い

といった、わたし自身の生身の経験談も紹介しながら、激動の時代を生き抜くための「新しい子育て法」について、解説していきます。

どんな子どもも、唯一無二の存在です。

お子さんのありのままを受け入れ、愛し、言葉や態度でも伝えていきましょう。

子どもを観察し、じっくりと向き合うこと、環境を整え、励ましてあげることは、子どもの「自分軸」を育むことにつながっていきます。

親御さんは、本書を参考に、ぜひわが子の「自分軸」を見つけ、自己実現への一歩を踏み出す手助けをしてあげてください。

そして、ＡＯ入試へのチャレンジを通じ、大学受験のみならず、自分で未来を

はじめに

AO式子育てで「自分軸」を育てる

AO入試も、仕事も、人生も
選ばれる人になろう！

幼児期	小学生	中学生	高校生
得意なことを見つける	好きなことに挑戦する	「魔法のシート」で長所を伝える	自分のことを言葉にする

切り拓く力をつけるためのサポートをしてあげましょう。

そこまでのロードマップは、生まれてから受験生になるまでの18年間のなかで、親がお子さんとともにつくりあげていく必要があるのです。

とはいえ、子育ての悩みが尽きないことは、いま現在、わたし自身も小中高大の4人の子どもたちと日々を過ごしているので、とてもよくわかります。

わたし自身、親としてたくさんの失敗をしながら模索し続けてきたからこそ、いま親ができる子どもへの最大のプレゼントは「自分軸を育てること」に集約されると、自信を持ってお伝えできるのです。

子どもが自分軸を早く見つけられることで、時間をかけて、その軸に磨きをかけていくことができます。

ですから、**自分軸を育てる「AO式子育て」を始める時期が早ければ早いほど成果も出ます**。

自分軸があると、他人との比較で悩むこともなくなり、昨日より今日、今日より明日と自分をグレードアップすることだけに集中でき、他人との足の引っ張り合いとは無縁になることでしょう。

わたしたち親世代からバトンを受け継いでいく子どもたちが、激動の世の中でもぶれない自分軸を持つことができれば、日本の社会も未来も変わることができる。わたしは本気でそう思っています。

さあ、新しい時代を生きるわが子と、新たな一歩を踏み出しましょう！

DKスギヤマ

●「AO式子育て」とは？

「AO式子育て」は自分軸を育む子育て方法です。これは、車の運転にたとえると、子どもが運転席でハンドルを握り、親は助手席でサポートをするようなもの。車のメンテナンスや、ガス欠のときに車体を後ろから押すことも親の役割です。

いまは「総合型選抜入試」という総称で統一されていますが、本書では、通称の「AO入試」でお話しすることをご承知おきください。

激変の大学入試も突破でき、選ばれる人になる「AO式子育て」。超実践編では、年代別にいますぐできる内容を紹介しています。

AO式子育て

子ども

- ハンドルを握っている運転手
- 目的地を決めて、進んでいく

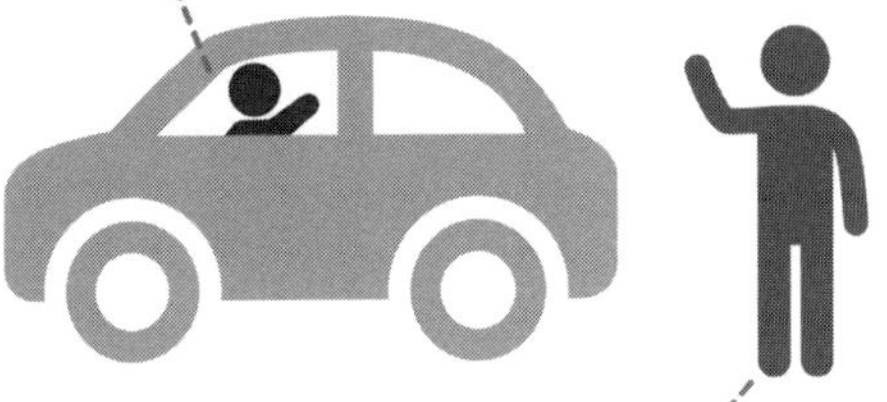

親

- 助手席のサポート役
- 車のメンテナンスをしたり、ガス欠のときに後ろから押すのが役割

はじめに
●「AO式子育て」とは? 2

第1章
これからは、AO入試(総合型選抜入試)が激増する!?

総合型選抜入試 AO入試とは? 22
●これからの時代は「思考力」が重視される
●AO入試とはどんなもの?
●AO入試は、親のサポートが欠かせない

SFCにおけるAO入試の特徴 27
●学校の理念や教育内容を深く理解した、意欲的な人が求められている
●過去のSFCのAO入試の選考から、試験の流れを知ろう

必要なのは、「志」とその子ならではの「必然性」「具体性」 32
●どんな「志」を持っていますか?
●志望理由ではここを押さえておこう!
●自分軸に沿って、ストーリーに一貫性を持たせる

AO入試に向いている子、向いていない子 37
●合格する子と合格できない子の違い
●AO入試はどんな子が向いているの?

そのAO入試対策、本当に必要ですか? 41
●AO入試対策塾で文章をブラッシュアップするのは有効
●子どもの軸に合った経験ができるようにアンテナを張ろう

もくじ

AO入試で必要！ 受験生がいますぐ見つけるべき「自分軸」……45
●AO入試対策塾に丸投げするのはNG
●子ども自身も、AO入試への理解を深めておこう

第2章 わたしと長男の自分軸形成からAO入試成功までの道のり

わたしの子ども時代 AO入試に至るまで……50
●ニューヨーク現地校で教育を受けた
●「KENDO」が「剣道」になり、日本文化を知る
中学生のときの受験失敗がいい転機に……54
●高校入試で、人生はじめての挫折を味わう
●アイデンティティークライシス――自己の定義に迷った17歳
高校3年生からのAO入試対策……57
●高校受験のリベンジのために、AO入試を決意
●先生の力を借りながら、自分の想いを言葉にまとめる
長男の子ども時代 AO入試に至るまで……60
●子育ては、親の思うようにはいかない
●幼少期からものづくりに熱中する
●想像したものをつくりあげる
できないことではなく、好きなことを徹底的に突き詰める……66
●先生に恵まれて、学校生活ではさまざまな経験を積むことができた
●試行錯誤しながら、得意・不得意を探っていく
●父親とともに英語サークルに取り組む

中学受験で経験を積む …… 72
●子どもに合わせた成長を応援する
●勉強ばかりになると、親子のコミュニケーションがうまくいかなくなることも…
●受験も、子どもの想いに合わせて進めていく
●本人のペースで、受験へ意識を切り替えていった
中高一貫校での自由な活動を謳歌する …… 78
●アプリ開発に没頭していく
●好きなことを突き詰めたことで、目標が定まる
なぜわたしと長男が、AO入試でSFCに合格することができたのか …… 82
●18年間で自分軸を定めていく
●自分軸に合わないと、手が止まってしまう
AO入試合格に向けて長男が取り組んできたこと …… 85
●いままでの活動に一貫性を持たせる
親子でAO入試に合格したいま、思うこと …… 87
●子どもは親の姿を見て育っている
●年に一度は棚卸しをする
なぜ大学側は、あなたを選ばなければいけないのか？ …… 90
●AO入試がはじめての自己PRの場にならないようにする

第3章 「AO式子育て」基本編

「AO式子育て」とは？ …… 94
●子どもがドライバーで、親はそのサポーター

もくじ

現代型の子育てへ、親のマインドセットが必要！ …… 96
● 受け身の教育スタイルの問題点を知ろう
●「親世代の常識」に縛られていませんか？
●「やってみせる」ことが教育のカギ

闘う場所を間違えない …… 101
● ウサギはいつも油断してくれるもの？
● 特徴を活かせる勝負の仕方を見極めよう
● 自分の得意なことを「強み」にしていく

自分軸が育つプレゼン型教育「Show & Tell」 …… 106
● 自分の好きなことを発表することで、自分軸をつくっていく
●「Show & Tell」のメリットを活かそう

「Show & Tell」と「プレゼンテーション」の違い …… 110
●「Show & Tell」で、自分軸を見つけ、個性を認め合う
● 自分に合った表現方法を見つけよう

納得するまで調べる習慣をつくる …… 113
● 幼少期に、自由に考え、解決策を考える力を身につけよう
● 自分の意見を話す経験を積もう

中高生が自分軸を見つけるには？ …… 116
● 自分と徹底的に向き合おう
● 自分の人生は自分で描く

親から子へ子どもの軸を知る「魔法のシート」 …… 119
● 本人が見過ごしている「いいところ」を伝える

●子どもの軸を知る「魔法のシート」で、お子さんの特徴を見つけよう
●人と比較しないで、その子のいいところを探す
子どもの軸を知る「魔法のシート」を書いてみよう …… 125
●わが家の長男の「魔法のシート」
●できるだけたくさんの項目を書き出して、軸を見つけ出そう
●すぐにできたこと=才能
項目と項目を掛け合わせる …… 131
●オンリーワンの自分軸を見つけよう
将来の目標を職業で決めない …… 133
●将来の夢を持っていますか?
●いまある職業に、無理やり自分を当てはめない

第4章
「AO式子育て」超実践編

バックキャスティング・逆算思考で考えてみる …… 140
●「高校3年生」の受験に合わせて逆算する
高校3年生1学期から夏(直前期)にすること …… 142
●志望理由書の総仕上げをし、AO入試へ出願!
●適切な指導者から、厳しい目で見てもらう経験を積む
●出願時に行うべきダブルチェック
高校2年生後半から高校3年生前の春休みまでに取り組むこと …… 147
●模擬出願を目指そう
●行きたい大学を絞って、志望理由書を書いてみよう

もくじ

適切な指導者を見つける……150
●高額な塾代をかけなくても、AO入試の情報を得ることはできる
●入試対策の有益な情報などを集めるのは親の仕事
高校1年生から高校2年生半ばまでに経験を積んでおく……153
●主体性を持って、多様な人々と協働して学ぶ
●大学の学園祭、オープンキャンパスに参加し、まずは大学を知ろう
高校1～2年生のうちに、いろいろなことに挑戦しておく……156
●英検などにチャレンジする
●外部プログラムには、積極的に参加する
●自分の想いを文章にしてみる
中学生時代、思春期は接し方がカギ……162
●子どもの個性を知って、自分軸を育てていく
●モヤモヤ、悩み、反発する時期の子どもとの接し方
●ゲームやネット問題は話し合いで解決する
●できれば、中学3年生で、大学も見据えた高校選びを
●選択肢を一緒に調べて、わかりやすく提示してあげる
勉強は「義務」ではなく「権利」……170
●子どもは、勉強が必要だとわかると自然にやるようになる
●進路は子どもの自主性で選択してもらうもの
小学生時代に「個性」を見つけていく……175
●自由な時間を与え、わが子の興味関心を見極める
基礎的な学習には、どう取り組むか……178

●無理やり勉強させるのは逆効果
小学生のうちに、自ら目標を掲げ、成し遂げる努力をする経験を …… 180
●小学生のうちは、とくに親が伴走してあげる
わが家の3人の子どもに合わせた受験の違い …… 182
●受験は、きょうだいでも違う
●長男
●次男
●三男
子どもの「できない」が目についてしまうときには… …… 188
●結果だけにとらわれない
●失敗を恐れない子は、失敗をすべて受け入れる親のもとで育つ

幼少期の個性の育み方 …… 192
●常に「大好き」と伝え、抱きしめることで挑戦できる子に育つ
●子どもの個性に合わせて育て方も変わる
●ときには毅然と叱る
子どもが集中しているときは、話しかけずに見守る …… 196
●夢中になれることを大切にしよう
●子どもと全力で遊び、自分軸の芽生えを応援する
幼少期の子どもに完璧を求めない …… 199
●子どもの「ちょっと前進」に目を向けよう
●親自身も自分を認める
父子のコミュニケーションは、どうする？ …… 202

もくじ

● 毎日話をする時間(習慣)をつくろう
● いざというときも、日々のコミュニケーションが大事
ほめて育てることの危険性とは …… 207
● 結果だけをほめない

第5章 あなたの「AO式子育てスキル」チェック

すべての年代共通のチェックリスト …… 212
● 「自己肯定感」を育てられていますか?
幼少期のチェックリスト …… 214
● 常に大好きを伝えて愛情を注ぐ
小学生のチェックリスト …… 216
● 子どもの考えを尊重しながら、個性を伸ばそう
中高生のチェックリスト …… 218
● 成長を見守りながらも、言葉や態度で愛情を伝えていく

第6章 未来ある子どもへのメッセージ

未来は自分でつくり出そう …… 222
● 自分を分析し、他人との比較で悩まない「軸」を持とう!
● 8つの質問に共通することって何だろう?
● Why choose you? (なぜ、あなたを選ばなければいけないのか?)

おわりに 232

第1章

これからは、AO入試（総合型選抜入試）が激増する!?

総合型選抜入試　ＡＯ入試とは？

●これからの時代は「思考力」が重視される

現在の大学入試制度は、わたしたち親世代のときと大きく変わってきていることをご存じでしょうか？

以前は、暗記による知識量を重視していましたが、現在はすべての科目において「思考力」を重視する形に変化してきており、この大学入試の変貌の影響は、高校・中学校・小学校の入試や授業にもあらわれています。

いまの子どもたちは、知識はある前提で、プラスαで「自ら考える力」が要求されるようになってきているのです。

●AO入試とはどんなもの？

AO入試（総合型選抜入試）は、自分を主人公として、過去・現在・未来の「ストーリー」を作成し、評価してもらうことで、大学側とのマッチングを行う場です。

現在、文部科学省の「大学入学者選抜における多面的な評価の在り方に関する協力者会議 審議のまとめ」では、志願者の判定には、学力を構成するとくに重要な3つの要素、

1 基礎的・基本的な知識・技能

2 知識・技能を活用して、自ら課題を発見し、その解決に向けて探究し、成果などを表現するために必要な思考力・判断力・表現力などの能力

3 主体性を持ち、多様な人々と協働しつつ学習する態度

これらそれぞれを適切に把握することに、十分留意するように規定されています。

ＡＯ入試は正解が明確でないため、一般受験のための勉強のみをしてきた子には、あまり馴染みのない受験方式でしょう。

そのため、いわゆる「特性の強い子」「一芸に秀でている子」「すごい実績のある子」が受けるもの、というイメージを持っている人も少なくありません。

もし、筆記試験を重視する一般入試を回避するために、ＡＯ入試を選ぼうと考えているなら、あまりにも発想が短絡的です。

大学で学べるだけの学力があるかどうかは、ＡＯ入試でも総合的に評価されています。ＡＯ入試は誰にでもチャンスがありますが、決して簡単な受験ではないことも。

しかし、**ＡＯ入試にチャレンジすることで、大学受験だけでなく、自分の未来を切り拓く力が養われていきます**。挑戦するだけの価値が十分にあるので、どの受験生にも、ぜひトライしてほしい試験です。

わが家では、２０２１年に長男がわたしの母校、ＳＦＣへＡＯ入試を受験し、

２０２２年に入学を果たしました。

そして、そのとき、子どもがＡＯ入試を突破するためには、親の役割がいかに重要であるかということを実感したのです。

●ＡＯ入試は、親のサポートが欠かせない

近年、呼称や選考基準は大学により違うものの、ＡＯ入試を実施する大学は増加の一途をたどり、ＡＯ入試を導入している国公立大学も多くなりました。

大学側も「意欲の高い学生を早いうちに獲得したい」という流れになっているのです。

ＡＯ入試や学校推薦型入試など、大学ごとに入試形態の多様化が進んでいるのは、もはや止められないでしょう。

このＡＯ入試までのロードマップは、生まれてから受験生になるまでの18年間につくりあげていく必要があります。取り組むのが早ければ早いほど理想的です。

子どもが幼少期のうちから「軸」を見つけ、その軸を伸ばせるような環境を整えてあげる。そのために保護者のサポートは、とても重要なのです。

とはいえ、**高校3年生で、もう手遅れということではありません**。

親子でこれまでを丁寧に振り返り、自分軸を見極めることができれば十分チャンスがあります。

どの年代、どの時期に、何を重視した行動がいいか7ページの図であらわしているので、そちらと本文を参考にいますぐ実践してみてくださいね。

ＳＦＣにおけるＡＯ入試の特徴

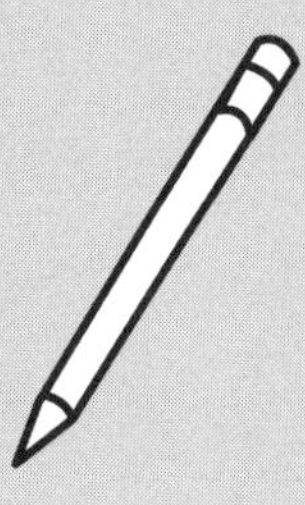

●学校の理念や教育内容を深く理解した、意欲的な人が求められている

ＳＦＣは１９９０年に設立され、当初からＡＯ入試を導入していました。ＡＯ入試ではどのような学生が求められているのか、ＡＯ入試の先駆けであるＳＦＣの募集要項を実際に抜粋して見てみましょう。

ちなみに、総合型選抜導入に際し、多くの大学がＳＦＣを意識しています。

それは、ＳＦＣが日本ではじめてＡＯ入試を導入し、優秀な人材を輩出しているという評価があるからです。そのため、

「日本版AO入試のスタイルをつくった」と言われている、SFCのAO入試を例にした本書は、ほかの大学のAO入試についても参考にしていただける内容になっています。

「SFCであなたは何を学びたいのか」が出発点です

SFCはみなさんに、それぞれの**学部の理念や内容をよく理解したうえで「SFCでこんなことを学びたい」というあなた自身の「問題意識」や「テーマ」を持って**入学してくれることを期待しています。

SFCの教育環境やシステムなどあらゆるリソースを積極的に活用し、「自らの手で未来を拓く力を磨いてほしい」という期待と願いは、アドミッションズ・オフィスによる自由応募入試（AO入試）の入学者に限りませんが、とくにAO入試においては**本大学と学部の理念や教育内容をよく理解したうえで**SFCへの入学を強く志し、より高いレベルでの自己実現を図ろうとする情熱と明確な志望を持った人たちの積極的な出願を期待しています。

SFCのAO入試は多面的能力の総合評価による入学者選考です

ＡＯ入試は一定の条件を満たしていれば自らの意思で自由に出願できる公募制入試です。

入試内容の特色は筆記試験や技能試験などの試験結果による画一的な能力評価ではなく、中学校卒業後から出願に至るまでの全期間にわたって獲得した学業ならびに学業以外の諸成果を、筆記試験によらず書類選考と面接によって多面的、総合的に評価し入学者を選考するものです。

募集定員の限りもあり、選考という形式をとらざるを得ませんが、アドミッションズ・オフィスは入学志望者と大学が互いに望ましい「マッチング」を創り出すための出会いとコミュニケーションの場です。

（ＳＦＣ２０２２夏秋ＡＯ入試募集要項より抜粋）

この募集要項を抜粋した文面からは、「学校の理念や教育内容を深く理解したうえで、SFCに入学後どのように学びを進めていくか、明確なイメージと情熱を持っている学生を積極的に受け入れたい」ということがわかります。

そのため、従来の一般入試とは異なり、各学校も、書類選考と面接による多面的能力の総合評価で入学者選抜を行っているのです。

●過去のSFCのAO入試の選考から、試験の流れを知ろう

2022年度のSFCのAO入試は、一次選考は書類審査でした。

- 志願者に関する履歴などを項目に入力
- 志望理由・入学後の学習計画・自己アピール（2000字）
- 自由記述（A4用紙2枚、白紙に自由に表現）
- 任意提出資料（活動実績に合わせ、補足資料や証明となるもの）
- 志願者評価（2名からの評価）

以上の書類をWEB上で提出し、出願していました。

志願者評価の項目では、

・志願者評価の内容・選考にあたって有用と思われる学力・人柄（1000字）
・志望学部にふさわしい人物か総合的な判断、その理由（1000字）

などが必要です。

また、二次選考は面接。2021年のコロナ禍では、教授3名と、ひとりにつき約30分間オンライン面接が行われました。

このような流れを踏まえながら、準備を進めていくことが大切なのです。

また、2021年の入試はコロナ禍だったため、3分間のプレゼン動画の提出も求められていました。2022年の入試からは廃止されましたが、毎年最新の要項を確認するようにしてください。

必要なのは、「志」と
その子ならではの「必然性」「具体性」

●どんな「志」を持っていますか？

ＡＯ入試は、自分を主人公として、過去・現在・未来の「ストーリー」を語れる必要があります。そのため、人と違うことも大きな武器になるのです。

加えて、ＡＯ入試では、どんな「志」を持っているかも見られています。

志とは、「自分のいる社会において、自分がどのような形で貢献していきたいかというビジョン」とも言い換えることができます。

大学入学後、そしてその後の人生にどんな志を持っているか、しっかり語れるようにすることが重要です。

志には、その子ならではの「必然性」を持たせる必要があります。

実行できないのに、ただ立派な志を掲げても、相手には響きません。

たとえば、高校3年生までなんの音楽活動もしていなかった子が、「音楽で世の中を元気にしたい」と言ったら、まわりの人は、当然「なぜ？」と疑問に思いますよね。

それは、その子にこの志を掲げる必然性が見えないからです。

これは極端な例ですが、どんな志であっても、それを自分がやる必然性まで伝えられるようにすることが大切です。

●志望理由ではここを押さえておこう！

本人の「志」と、実行する「必然性」が明確になったら、次はどのように実行していくのかという「具体性」を持たせていきましょう。

書類審査では、

・自分の志と、その必然性は何か
・志を実現させるために、どんな学びが必要か
・どんな手順で志を実現していくのか
・そのために「どの大学・学部・教授の元で、どんな研究を、どのように行う」のか

を明確に文章化していきます。

そのためには、大学で学べることをしっかり調べて、考えられる範囲で、できるだけ具体的に書いてもらうことです。

また、その子が行いたい研究内容については、現時点でどこまで研究されているものなのか、類似の研究の情報も調べておきましょう。

●自分軸に沿って、ストーリーに一貫性を持たせる

親世代はAO入試にあまり馴染みがないため、まだまだ、「AO入試は『過去』に実績がある、特別な子が受ける入試」と、誤解されていることがとても多いようです。

でも、他人から見てわかりやすい際立った特性がない、いわゆる「普通の子」がAO入試に挑戦できないというわけではありません。

AO入試で語るストーリーのなかでは、とくに「現在」「未来」の深掘りができているかどうかが重要なのです。本書の後半でご紹介する「AO式子育て」を

実践すると、子どもの個性の芽を摘むことなく、その子の武器にすることができるでしょう。

また、わかりやすい特性が見えにくい、いわゆる「普通」と言われがちな子にも、かならず「自分軸」はあります。

ただ、親子で一緒に丁寧に自分軸を見つけ、じっくり伸ばしていく必要があるでしょう。早くから対策していくことで、個性がその子の「自分軸」として育っていきますよ。

自分の軸に沿って「過去・現在・未来」のストーリーが語れるようになれば、AO入試を突破することも十分可能になるはずです。

ＡＯ入試に向いている子、向いていない子

合格する子と合格できない子の違い

ＡＯ入試で合格できる子とできない子には、どんな違いがあるのでしょうか？

たとえ素晴らしい実績を持っていたとしても、「合格する条件」が揃っていない場合、残念ながら不合格になることが多いでしょう。

大学側が求めている人物像に当てはまるように、その場限りの志望理由を述べたところで、大学側はすぐに見抜いてしまいます。

合格する子の特徴

- 自分のやりたいことが明確
- 将来の志、ビジョンを持っている
- 将来の志、ビジョンから逆算して、大学で学びたいことが明確
- 自分が学び、解決したいことがらについての学びや研究が行える大学、学部を選んでいる

合格できない子の特徴

- 自分のやりたいことがわからない
- 自分軸が育っていない

つまり、高校3年生のAO入試の願書提出直前に、

「自分がやりたいことは何なのか?」

とぼんやり考え始めているようでは、間に合わないのです。

ただ、自分軸がしっかり育っていて、軸からぶれない活動をしてきた子は、短期間でも、合格できる志望理由書の作成を行うことができるでしょう。

●AO入試はどんな子が向いているの?

★知的好奇心から行動を起こす

★探究学習が好き

★言われたことに疑問を持って、自分で試してみたくなる

★マニアックなくらい好きなことがある

★人の言うことより、自分がこうしたい! が強い

このようなタイプの子は、高校生からの短い期間でも、対策がしやすいでしょう。

「このタイプじゃなさそう…」

「うちの子は探究とかしないし…」

という場合も大丈夫です。

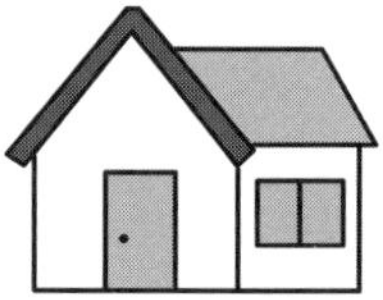

際立った軸が見えづらいタイプの子でも、ＡＯ式子育てで「自分軸」を見つけましょう。

わが家の次男・三男・長女は、それぞれ長男とは違ったタイプですが、自分軸がぐんぐん育ってきています。

本来、子どもは好きなことなら自分から成長できるのです。

詳細は、第3章以降でしっかり解説していきますね。

そのAO入試対策、本当に必要ですか？

●AO入試対策塾で文章をブラッシュアップするのは有効

ＡＯ入試は誰にでもチャンスはありますが、さまざまな要素を総合して判断されるため、ただ「学校の成績がいい」「なんとなく部活をやってきた」というだけでは評価されません。

そのために、ＡＯ入試対策塾に入るかどうか悩む人は多いでしょう。

わたし自身、長男のＡＯ入試で親の立場として関わったことで、**親が子どもの「自分軸」に沿った経験が積める環境を整えてあげる**ことの大切さを実感しました。

わが家の長男も、これも経験と思い、高3になる前にAO入試対策塾へ通いました。

これは、わたしがAO入試対策塾に興味があったためでもあります。結果的に指導中に親の主観を持ち込むことなく、期限内に合格できる文章になるようブラッシュアップするために、とてもお世話になりました。

大学によって求められる提出書類内容はさまざまなので、大学教授が読んだときに納得してもらえる内容の文章を書くことは、簡単ではありません。

AO入試を長年指導されているプロの指導者から、適切なアドバイスが受け取れるのはとても心強いものでしょう。

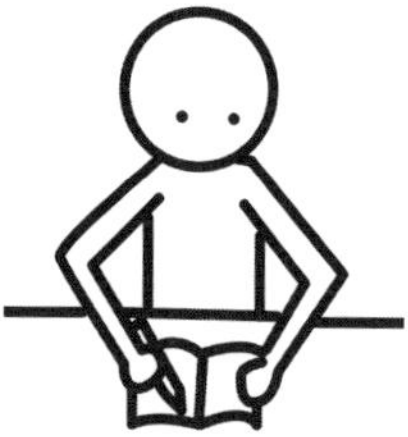

●子どもの軸に合った経験ができるようにアンテナを張ろう

ＡＯ入試対策塾はとても役に立つものですが、「早くからＡＯ入試対策塾へ通っていれば大丈夫」と考えてしまうのは危険です。

近年のＡＯ入試対策塾では、実績として願書に記入できる体験プログラムを用意しているところも増えてきました。

なかには大変な著名人から直接指導を受けられる、目の飛び出るような金額のプログラムもあります。

でもこれは、受験に必要な体験をお金で買うようなものです。

多くの体験を「買う」ことができる富裕層ほどＡＯ入試で有利になるという状況は、大学側も懸念しているようです。

こういった案内を聞くと、

「特別な塾の講義を受けなければ、ＡＯ入試は突破できない」

と危機感を煽《あお》られる人も多いでしょう。

でも、**大切なのは誰かが提供する高額な体験プログラムに参加することよりも、自分軸に合った経験を積むこと**です。

いまは、実績として書けるようなプログラムを行っているところも増えてきているので、

・大学が主催する研究プログラム

・各教育機関が企業と提携して行っている高校生向けのプログラム

などは、とても安価で参加することができます。

一例として、わが家で活用したものを１６１ページでご紹介しています。お子さんに合った経験が積めるように、ぜひ、参考にしてみてください。

ＡＯ入試で必要！受験生がいますぐ見つけるべき「自分軸」

●ＡＯ入試対策塾に丸投げするのはＮＧ

近年は、ＡＯ入試対策について、本やインターネット、ＳＮＳなどでさまざまな情報が公開されるようになりました。塾の数も、どんどん増えてきています。

まずは親が、ＡＯ入試のしくみをきちんと理解し、必要なものと不要なものを判断できる力を備えることが大切です。

親子でＡＯ入試の正しい知識を持ち、お子さんの自分軸もしっかり育っていれば、対策塾に通わなくても合格を狙うことは可能なのです。逆に、この2点がなければ、たとえＡＯ入試対策塾に入ったとしても、合格は難しいでしょう。

ＡＯ入試は、子どもたちが自分の未来を切り拓く力を身につけるチャンスでもあります。

「自分軸を形成するために、早くからＡＯ入試対策塾に通う」という考え方もあるかもしれませんが、本来は、お子さんが小さなうちから、**その子が本来持っている宝物を見つけ、自分軸を目一杯伸ばしてあげていくこと**がもっとも大切にしたいことです。

わたしは、長男が生まれた際に、いろいろなことを体験させて、細かな活動も記録するように意識していました。振り返ってみれば、子どもが生まれてからずっと「ＡＯ式子育て」を実践していたのです。本書では、その失敗例も成功例も載せているので、ぜひ参考にしてみてくださいね。

●子ども自身も、ＡＯ入試への理解を深めておこう

ＡＯ入試のしくみは、親だけでなく、もちろん受験生であるお子さん自身が理

解しておくことが欠かせないのは言うまでもありません。

でも、思春期の中高生には、第三者の声のほうが届きやすいこともあるでしょう。そんなときは、ぜひ本書の第４章「『ＡＯ式子育て』超実践編」と、第６章「未来ある子どもへのメッセージ」をご活用くださいね。

子ども本人が自分で「自分軸」を意識することで、その子の持っている個性や才能が、より早く開花していくはずです。

第1章

まとめ

☑ 子どもの考える力を養う

- これからの時代は「思考力」が重視されていく
- ＡＯ入試は、自分の言葉で過去・現在・未来を語り、大学側とのマッチングを行う

☑ 合格する子の特徴

- 自分のやりたいことが明確
- 将来の志、ビジョンが明確
- 大学で学びたいことが明確
- 自分が学び、研究が行える大学・学部を選べている

☑ 合格できない子の特徴

- 自分のやりたいことがわからない
- 自分軸が育っていない

☑ AO式子育て

- 入試だけでなく、自分の未来を切り拓く力が養われていく

第2章

わたしと長男の自分軸形成から
ＡＯ入試成功までの道のり

わたしの子ども時代
ＡＯ入試に至るまで

●ニューヨーク現地校で教育を受けた

本章では、ＡＯ入試で大切な自分軸はどのように形成されていくのか、わたし自身と長男の子ども時代のことをご紹介しましょう。

わたしは３歳のときに、父親の仕事でアメリカ・ニューヨークへ渡りました。小学校は自宅近くの現地校。全校生徒は３００人ほどで、クラスで日本人はわたしひとりという環境でした。

学校では毎朝、胸に手を当て星条旗に向かってアメリカ国歌を歌い、アメリカ人としての自覚を持つように教育されました。幼かったわたしは、最初それになんの疑いも持たず、自分のことをアメリカ人だと思っていたほどです。

また、アメリカの教科書には、広島原爆投下の悲惨な写真は一枚も載っていません。

逆に、日本は「第2次世界大戦当時、真珠湾に奇襲攻撃を仕掛けた国」と記されています。そんなアメリカ教育のなかにいたため、幼少期は、日本を好きになることができませんでした。

そして、当時はまだ、日本人は差別の対象でもありました。

低学年のうちは仲良く遊んでいた友だちが、高学年になるにつれ差別的な態度をとったり、すれ違いざまに差別的な言葉をかけたりすることも…。

その後、小学6年生からニューヨーク日本人学校に転校すると、生徒は当然全員日本人です。

でも、わたしのように長い間アメリカで生活している者は少なく、大半が現地校に通った経験がありません。

そのため、あらゆる点において現地校とは異なり、ニューヨークにいながら、学校内の環境はまさに「日本」そのものだったのです。

でも、現地校でアメリカの教育を受けてきたわたしにとって、日本人学校は居心地のいい場所ではありませんでした。

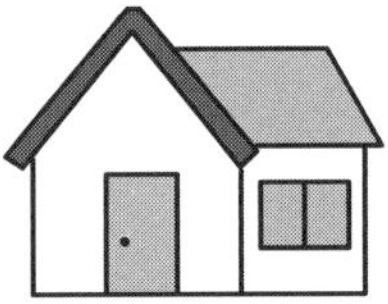

●「KENDO」が「剣道」になり、日本文化を知る

小学3年生のとき、友人の家で竹刀《しない》と防具を見つけて興味を持ち、ニューヨークで「KENDO」を始めました。KENDOは、仲良く楽しみながら、友だちと一緒に汗を流すスポーツです。きちんと「剣道」を知ったのは、中学生になってからでした。

中学1年生と2年生の夏休みに、千葉県勝浦市で開催された警察主催の少年剣道の5泊6日の強化合宿に参加。

このときに、竹刀の手入れから胴着の正しい着方や挨拶まで、さまざまなことを学び、**規則正しい集団生活などの体験を通じて、日本人としてはじめて日本の心に触れた**のです。

この剣道との出合いは、わたしが「日本人」としてのアイデンティティーを形成するうえでとても大きなものだったと感じています。

中学生のときの受験失敗がいい転機に

●高校入試で、人生はじめての挫折を味わう

日本人学校に通いながら、慶應義塾ニューヨーク学院（高等学校）への入学を決意し、受験しました。

「絶対に受かる」

とクラスメイトに豪語していましたが、結果は「不合格」。

当時の自分を振り返ると、クラスの人気者とは言い難く、目立ちたがり屋で、天狗になっていたように思います。

鼻を折られたこの受験失敗がいい薬になりました。

それから周囲への接し方を変え、「自分自身がついていきたくなるようなリーダー」を目指すようになりました。その後、クラスの代表委員や運動会での応援団長を務めるくらい、人望が集まるようになっていったのです。

●アイデンティティークライシス――自己の定義に迷った17歳

帰国子女特有の弊害として、自分が何者なのか認識できず、帰属意識が持てない「アイデンティティークライシス」という問題をご存じでしょうか？

前述したように、わたし自身、ニューヨークの現地校においてはクラスメイトからの差別を受け、また、その後の日本人学校では、日本独特の閉鎖的な社会を体感し、それまで受けた教育との差に違和感を覚えました。

剣道と出合ったことで日本文化の「心」を知り、日本の礼儀や価値観に共感を持つようになったものの、日本の高校入学時に帰国したあと、新たに〝帰国子女〟という枠に入れられてしまいました。

再び外国人のような立場に置かれたとき、

「いったい、自分は日本人なのか？　アメリカ人なのか？」

という疑問から、自己の定義に迷ってしまったのです。

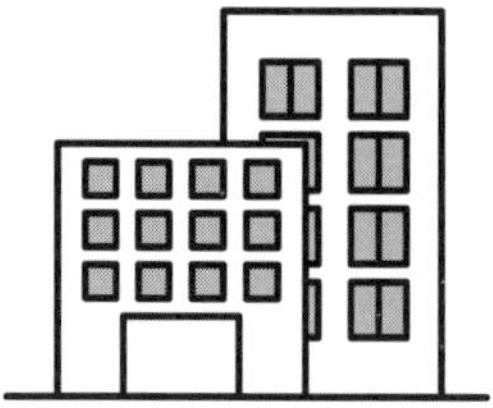

高校3年生からのＡＯ入試対策

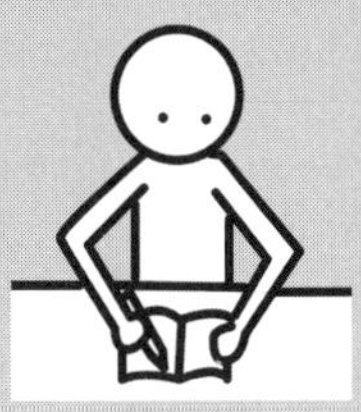

●高校受験のリベンジのために、ＡＯ入試を決意

進路を考えるとき、わたしは慶應へのリベンジを決めていました。

そして、慶應義塾大学にＡＯ入試を採用しているＳＦＣがあることを知りました。

そこで、信頼する先生に、

「ＳＦＣが自分の望む勉強ができる大学なので、いままでの人生を総合的に判断してもらえるＡＯ入試でチャレンジしたい」

とお願いし、一般入試に向けた受験勉強も同時にすることを条件に進路指導を引き受けていただきました。

●先生の力を借りながら、自分の想いを言葉にまとめる

当時のSFCのAO入試一次試験では、

・**大学4年間とその後、どのような生き方をしたいか？**

・**生まれたときから志願時までの人生をすべて記述する**

ということが求められました。

当時のわたしは、まだ将来のビジョンを具体的に持つまでには至っていません。でも、年功序列で画一的な給与体系や接待の慣習など、昭和の企業体質に違和感を持っていたので、「将来は自分で組織を動かす人間になりたい」「自分が何かをやりたければ、自分自身がトップにならなければいけない」と漠然と考えていました。

わたしの場合、人の「帰属意識」や「国に対するイメージ」に教育が大きく影

響することを、身をもって体験してきたため、当時悩んでいた自らの「帰属意識」についての考えを言語化していくなかで自己理解が深まり、先生の指導を受けながら書類を仕上げていくことができたのです。

その後は先生との約束を守り、1ヵ月間一般受験に向け猛勉強をしながら結果を待つ日々…。

1次試験を合格した後は、面接試験として100個以上の設問を用意し、的確かつスムーズに答えられるように、模擬面接を何度も繰り返しました。

こうしてAO入試を突破し、SFCに入学。新たな人生の出発点に立ったのです。

長男の子ども時代 AO入試に至るまで

●子育ては、親の思うようにはいかない

「Apple社主催の世界の学生向けアプリコンテストで入賞」

「SFCへAO入試で合格」

という結果だけ聞くと、

「なんでもできていいですね」

と、人に言われることがあります。

とてもありがたいお言葉ですが、**わが家の長男は決して「なんでもできるお利口さん」ではありませんでした。**

親からすると、むしろ発達に凸凹があり「とても手のかかる子」だったのです。

わが家の長男の場合は、

・親の言うことを聞かない
・自分のなかの「おもしろそう」が最優先で、それ以外にはまったく無関心

という特徴を持っていました。

たとえば、ご飯を食べるときは…。

▲「ご飯を食べて」と言っても、遊びに夢中だとまったく食べられません。
◎「ご飯を食べないとあとでお腹が空いて、楽しく遊ぶこともできなくなるよ。それに、食べないと身体が元気でいられなくなったり、病気になったりして、パパみたいに大きくなれないかもしれないよ。だから席について、『いただきます』をして、お箸を持って、口に入れてごらん」と伝え、一緒に口入れて「もぐもぐ、

「ごっくん」と食べるところまで見せてあげることが必要でした。

自分の好きなこと以外に関心のない長男の場合は、すべて、具体的な指示をして教えてあげる必要があったのです。

また、長男は「自分がこうしたい」と思ったことはやらないと気が済まない子でした。

たとえば、電車に乗るときに駅のベンチの座りたい席に座れなかったら、

「もう一度その場所に戻る」

と言い張って1時間以上泣き続けたり、道を歩いているときに、

「行き方のルートが気に入らない」

と言い出して、わざわざ戻って遠回りしたり、というようなことも多々ありました。

ひとり目の子育てでどうしても他の子と比較してしまい、当時はなぜこの子だけ普通のことができないのかと、とても悩みました。

いま振り返ってみると、興味のあること・得意なことと苦手なことがはっきりしているので「自分軸」もはっきりしているということだったのです。

わたしと妻は、はじめての子育てで、長男の成長を通じて**「『親の理想』を押しつける子育て」の無意味さと、「自分軸」の大切さ**を実感しました。

●幼少期からものづくりに熱中する

わが家の長男の場合は、幼少期からものづくりに熱中していました。

幼い頃から、お菓子の箱などの廃材を分解し、組み合わせて、オリジナルのおもちゃをつくるのが好きだったのです。

スーパーに行けば、お菓子より乾電池をよくほしがっていました。

NHKの子ども番組『つくってあそぼ』が大好きで、夢中で観ては、自分でも真似をしてつくってみるということを繰り返していたものです。

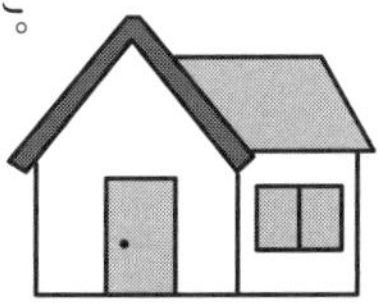

●想像したものをつくりあげる

小学生時代も、ものづくりの探究は続きます。

妻はそんな長男の姿を見て、科学館で行われるワークショップに参加させたり、手づくりおもちゃキットを買い与えたりしていました。

でも、彼は決まった物を説明書通りにつくることよりも「自分でこんな物がつくりたい」と想像をふくらませることが好きなタイプでした。

いまではいい思い出ですが、簡単な設計図を書いては、

「こんな材料を買ってほしい」

と頼まれ、100円ショップに通ったものです。

100円ショップにない材料や工具は、ネットで取り寄せたり、秋葉原の専門店まで電気部品を購入しに行ったこともあります。

あるときは、壊れた小型冷蔵庫を拾ってきて、夏休み期間を返上して、動くように修理に取り組んだこともありました。

ただその頃は、下に小さな弟が2人と妹がひとりいて、子育ての多忙さもピーク。長男が満足できるほど、親はその趣味に付き合ってあげられていなかった面も。

そんなときに見つけた、教育用レゴを使用したロボットプログラミングに、長男は目の色を変えて夢中になっていきました。

ロボットプログラミングは、「プログラミングによって、自由に動かすことができるロボットを組み立てる」というもの。

レゴなので、好きなように組み立てて動かせるという自由度の高いプログラミングは、彼にとっては夢のようなものだったのでしょう。

できないことではなく、好きなことを徹底的に突き詰める

●先生に恵まれて、学校生活ではさまざまな経験を積むことができた

長男がものづくりのほかに好きだったものは、歌です。

幼稚園時代から、家ではずっと歌っているような子でした。

小学5年生のとき、通常の学校の行事では却下されそうなクリエイティブな企画も、全力でサポートしてくださるような恩師、齊藤佑季先生と出会いました。

たとえば、図工の授業でクラスメイトと校庭に2階建ての建物をつくり、殿様

の格好をした長男が、天守閣で歌のパフォーマンスを行ったこともあります。先生のつてで、地元のケーブルテレビにも出演し熱唱しました。

長男のよさを最大限引き出してくださった先生のおかげで、彼は学校での活動が楽しくて、夢中になっていったのです。

●試行錯誤しながら、得意・不得意を探っていく

小学生くらいまでは、自分の興味があることに突き進むことで、まわりがどう思うかを配慮することも苦手で、集団行動などでは難しい場面も多くありました。

子どものよさをどんどん引き出す

興味のあること、得意なことに
どんどんチャレンジしよう！

たとえば、わたしがバスケ好きだったので、長男も一度、地元のバスケットチームに所属したことがあります。

でも、いざやってみるとボールを扱うのが苦手で、協調性も育っておらず、集団行動も苦手。お世辞にも活躍できるような様子ではありませんでした。

親としては、自分の希望を押しつけてしまい、申し訳ない結果に…。


とくに長男の場合、わたしたち夫婦もはじめての子育てだったため、試行錯誤の連続。突発的な行動も多かったので、周囲に迷惑をかけてしまうこともあり、親として悩みは尽きませんでした。

協調性もなかなか身につかず、

「親の育て方が悪い」

と言われてしまったこともあります。

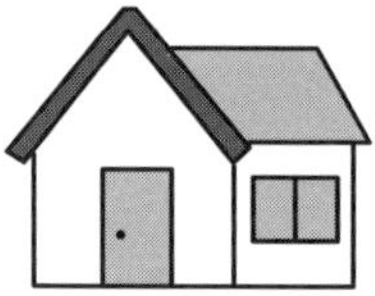

長男の場合、育児書を参考にしてもほとんどが当てはまらないことばかりだったので、妻も、

「子育てを間違えたのでは…」
と不安になり、実際、妻は各種機関に相談に行ったこともありました。

ただ、こうして**子どもの向き・不向きを親や本人が知っていく過程も、子どもの成長にはとても大切なこと**。

いま思えば、このような長男だったからこそ、親の理想を押しつけたり、親の都合で「こうしなさい」と言ったりすることがまったく無意味なことだったと、気づくことができたのでしょう。親が子どもに成長させてもらったと思っています。

日本の教育では足が遅い子はかけっこ

「教育」が変わる

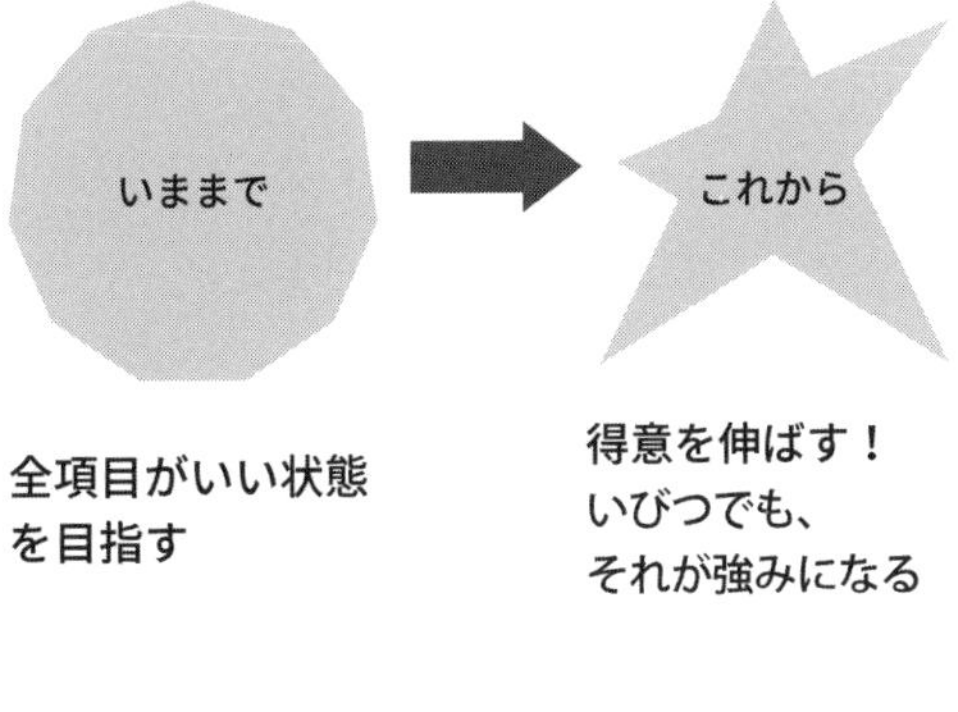
いままで
これから
全項目がいい状態
を目指す
得意を伸ばす！
いびつでも、
それが強みになる

教室に通うなど、苦手をなくし、子どもをキレイな丸にしたがっています。でも**本来、得意・不得意は個性**です。

不得意なことを「みんなと同じように」できるように無理やり取り組ませて、その子が苦しい思いをするより、個性としてとらえていく「心のあり方」を教えてあげることのほうが大切なのではないでしょうか。

●父親とともに英語サークルに取り組む

長男が小学生になった頃は、わたしが近所の子どもたちに向けて主催していた英語サークルのアシスタントを任せていました。

全力で英語を楽しめるように、オリジナルの内容を考えて提供しているサークルだったのですが、長男はわたしの真似をしてみんなに英語で話しかけたり、小さな子たちをまとめたり、大人顔負けのアシスタント役をこなしてくれていました。

わたし自身、この英語のサークル活動はとても楽しく、毎週子どもたちと一緒

に全力で遊んでいる感覚だったのですが、その父親の姿を見ていた長男も、

「大人になるって楽しいことなんだ」

「何事も全力でやることが大切だ」

となんとなく感じてくれていたようです。


このように、親と一緒に取り組む経験は、子どもの人格形成にも大きな影響を与えてくれるでしょう。

中学受験で経験を積む

●子どもに合わせた成長を応援する

わたしと妻は、「中高の6年間に、自分の興味関心のあるものにじっくりと向き合う時間があったほうがいいだろう」と考え、長男が小学5年生のときに、中学受験をすることを決めました。中学受験としては、遅めのスタートですね。

ただ、わたしたちは中学受験経験者ではなかったので、はじめての中学受験では多くの失敗をしたと感じています。

これまでご紹介した通り、長男はものづくりや自己表現への意欲が高く、自分のエネルギーの大半をそこに費やしているようなタイプだったため、彼の受験勉強は、塾の勉強、宿題、興味のない分野の暗記など、苦手なことが山積みだったのです。

長男の性格に合わせて、大手ではなく、面倒見のいい小規模の塾に通い始めたものの、興味のある勉強に片寄っていて、全体の家庭学習時間が少なく、成績は低迷していました。

●勉強ばかりになると、親子のコミュニケーションがうまくいかなくなることも…

長男に寄り添っている妻は、模試の結果を見るたびに文字通り一喜一憂。勉強に向かう姿勢の悪さや、宿題をさせることに頭を悩ませていました。

そして、中学受験の天王山とも言われる6年生の夏休み、受験生は朝から夜まで勉強をすると言われているこの時期に、自宅での勉強をまったくしなくなってしまったのです。

妻が勉強をさせようとそばで見ていても、長男は鉛筆さえ持たず、自分の部屋に妻を入れないように、バリケードを張ったことまであります。

顔を合わせれば勉強のことばかりになってしまい、親子の会話が成り立たず、長男は精神面でも不安定になり大きくぶつかることも…。

夏休み期間を終えてもやる気を見せない彼に、これ以上受験勉強を続けさせるべきか本当に悩みました。

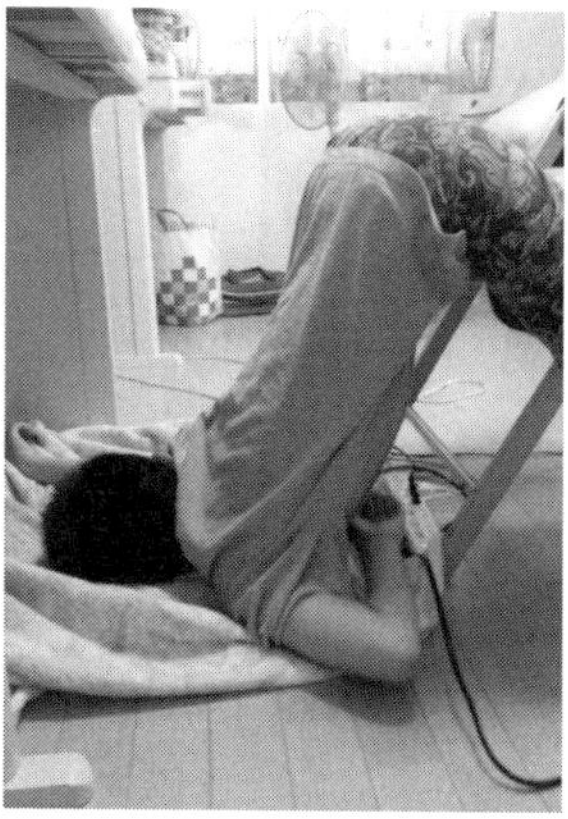

受験期にこれをされたら、多くの親は頭を抱えるでしょう…。

●受験も、子どもの想いに合わせて進めていく

母子の関係が悪化し、藁をもつかむような思いでいたとき、中学指導経験も豊富な松永暢史《のぶふみ》先生にアドバイスをいただく機会がありました。

このとき妻は、「**子どもには、個性を持って生きる権利がある**」という言葉をかけていただき、ハッとしたそうです。

勉強を毎日こなすことだけに気を取られ、苦手なところにばかり目を向けていたことに気づいた瞬間でした。

ここから、長男の持っている個性、大切にすべき彼のよさにもう一度目を向け始めることができました。

すると、秋に行われる小学校の運動会で、彼には応援団長を務めるという大きな目標があったことが判明。そのため、受験勉強は二の次になっていたのです。

彼は小学4年生から毎年応援団に参加しており、「最後の年はかならず団長を務める」と決めていたため、夏休みから応援合戦の構想などで頭がいっぱいだったのです。

こうして、子どもへの理解が進んだことで、松永先生から「この子は受験を乗り越える力がある」と言っていただいたこともあり、まず応援団長に注力することに。

ただ、受験に向けた歩みも止めないことを決めました。

●本人のペースで、受験へ意識を切り替えていった

長男は、いままでの思いをすべてぶつけるように全力で応援合戦を遂行。「これ以上できない」と思うほどの、すべてのエネルギーを注いだパフォーマンスをやりきりました。

その後は、長男の**受験勉強への姿勢にも、大きな変化が起き、最後はなんとか**

受験を自分事ととらえられるようになったのです。

とはいえ、受験生全員ががんばっている時期。

力を入れて取り組んでもなかなか伸びない秋冬を過ごし、最終的には、妻と長男の二人三脚で直前期を乗り越えて、中高一貫校の世田谷学園に合格することができ、進学を決めました。

中高一貫校での自由な活動を謳歌する

●アプリ開発に没頭していく

中学受験を終え、中高6年間、ものづくりへの情熱を形にできる環境を探しました。

そこでわたしの母校SFCで実施される、『ライフイズテック』という中高生向けプログラミングスクールの夏キャンプを見つけ、中学1年生の夏休みに参加させました。

ここで、本人の強い希望があったこと、そして、**共通の志を持つ同世代のコミュニティを持つ**価値を感じ、『ライフイズテックスクール』に定期的に通い始めることに。

このスクールでアプリ開発を始めてから、「自分が楽しいこと、やりたいことを形にする」というステージから、「誰かに使って楽しんでもらう、役立ててもらうためのものづくり」に変わっていったのです。

同世代の仲間や大学生のメンターとの出会いもあり、遊び心あふれるさまざまなアプリを次々に開発、リリースしていきました。

高校1年生のときの文化祭では、

共通の趣味を持つ
同世代のコミュニティで成長する

自分が楽しいこと、
やりたいことをする

誰かに楽しんでもらう、
役立つ喜びを知る

入試までに、協働する経験をしておこう！

多くの人に自分が立ち上げた部の校内新聞を楽しく読んでもらうために、独自のiPadアプリを開発。これは、新聞にiPadをかざすと、AR技術で部長である長男が画面上にあらわれ、クイズを出題するという遊び心のあるものでした。

本人は技術的な面ではまだ未熟だったと言っていますが、寝る間も惜しんで文化祭当日に完成したアプリは大好評。後日NHK・Eテレの番組で特集されたほどでした。

●好きなことを突き詰めたことで、目標が定まる

高校2年生のとき、新型コロナウイルス蔓延により高校が休校に。そ

の間に、Ａｐｐｌｅ社主催の世界の学生向けアプリコンテスト『Swift Student Challenge』の存在を知り、誰もが楽しめる福笑いをモチーフにしたアプリを開発し、応募。

数ヵ月後、なんと日本人で唯一の入賞者に選ばれたのです。

このような活動を経て、長男のなかで、「将来、アプリで世の中にあるさまざまな課題解決をしたい」という想いが強くなっていったそうです。

そして、その実現のためには、はじめて『ライフイズテック・プログラミングキャンプ』で訪れた、ＳＦＣという**学びの場が必要不可欠だという気持ちが芽生え、長男のＡＯ入試への取り組みが始まりました。**

なぜわたしと長男が、ＡＯ入試でＳＦＣに合格することができたのか

18年間で自分軸を定めていく

なぜ、わたしたち親子がＡＯ入試で合格できたのか？

一番の要因は、おそらく、強い「自分軸」が育っていたことでしょう。

生まれてから18年の間に、自分軸がしっかり育っていたので、ＡＯ入試でも、**自分を主人公とした「過去・現在・未来」のストーリーを語ることができたのです**。

多くの子どもは「自分軸」が不明確なまま高校3年生となり受験を迎え、深堀りができないうちに突貫工事のような書類をつくってしまうため、残念な結果に

なってしまいます。

第1章で、ＡＯ入試では、「志」や「ビジョン」、そしてそれを、ほかの誰でもないその子が取り組む「必然性」と「具体性」を語る必要があると述べました。

本人の志、ビジョンを実現させるためにどんな学びが必要で、どんな手順で志を実現していくのか、大学のことをよく調べ、しっかり文章化させましょう。

自分軸に合わないと、手が止まってしまう

長男の場合、ストーリーの深堀りで紆余曲折がありました。

じつは高校3年生の夏前まで、『未踏ジュニア』という17歳以下のクリエイターを支援するプログラムに、得意とすることとは別の分野で応募していたこともあり、ＡＯ入試の志望理由も自分軸と少し違う内容で進めていたのです。

しかし、『未踏ジュニア』の本審査には通らず、自分軸とずれていたために、ＡＯ提出書類も書き進めることができなくなってしまったのです。

ここで、もう一度深く自分軸に沿って掘り下げ、最終的に、自分軸に沿った研究内容でＡＯ提出書類を書き上げました。長男は、もともと強い自分軸があったからこそ、短期間でも、なんとか仕上げることができたのだろうと思います。

高校３年生で、一般受験の勉強をしながら行っていくことを考えると、いかに早く取り組むことが大切なのか想像がつきますよね。

ＡＯ入試合格に向けて長男が取り組んできたこと

●いままでの活動に一貫性を持たせる

小さい頃からの興味関心や育ってきたなかでの経験は、そのままＡＯ入試の対策にもつながっていきます。ですから、個性の芽を摘まないように、親が環境を整えてあげることがとても重要なのです。

これまで、ＡＯ入試対策の指導をさせていただいた人たちにもお伝えしていますが、

・記録を資産化する

・英検や英語資格ＩＥＬＴＳ、ＴＯＥＩＣなどの受験、証明書取得
・いままでの取得資格やコンクール、コンテストの証明書類の整理、取り寄せ

といった準備をしておいてくださいね。

また、

・子ども本人のビジョンと志から逆算し、大学時代に行いたい自分の研究テーマを明確にし、内容を掘り下げる
・そのうえで、現時点でできる研究、調査（アンケートなど）を進める
・本人の研究したい内容の先行研究について、どこまで研究されているのか調査を行う

こういった取り組みが必要なのです。

逆に言えば、本人の志と大学でやりたいことが明確になっていて、一貫性があれば、きらびやかな実績がなくても、悲観する必要はないでしょう。

親子でAO入試に合格したいま、思うこと

子どもは親の姿を見て育っている

親御さんへの問いかけです。

いつも元気で楽しい毎日を送れているでしょうか?

子どもは親を見て育つので、結局、親が楽しく過ごしていることが、子どもにとてもいい影響を与えるのです。

いつも新しいことに目を向けて、ワクワクして楽しそうな親を見れば、子どももそんな大人になれることを期待し、日々を楽しめるようになるでしょう。

また、わが家の場合はわたし自身がＡＯ入試経験者であり、母校、ＳＦＣのよ

さを深く理解していたので、子どもにもよくそれを伝えていました。

子どもにとって心地いいと思えるような環境に触れるチャンスを自然に用意しておくことは、親ができることのひとつなのです。

●年に一度は棚卸しをする

また、わが家では、1年に一度は自分を振り返り、棚卸しを行わせています。

長男の場合、「海外でプログラミングを学ぶ機会がほしい」という本人の希望で、海外留学プログラムへ参加するため、書類作成もしていました。

新型コロナの影響で実現はしませんでしたが、留学のために、一度自分の活動

子どもは親の姿をよく見ている
親が毎日をワクワク楽しそうに過ごす
大人になることを楽しみにできる
楽しいこと、したいことに自然と触れられる環境をつくりましょう！

の棚卸しができていたことは、その後のAO入試の書類づくりにも大いに役立ちました。

自分の興味のある分野で、自分を選んでもらうための活動をいくつも行うことが大切です。

長男の場合も、校内弁論大会・トビタテ！　留学JAPAN・AIG高校生外交官プログラム・SFC未来構想キャンプ・Apple世界大会（Swift Student Challenge）、アプリ甲子園・未踏ジュニア…といった、数々の活動を積極的に行っていました。

書類選考では、ほとんどの場合自己PRの欄があるので、「選んでもらうための活動」を活用することで、自己PRの精度を上げていくこともできるでしょう。

なぜ大学側は、あなたを選ばなければいけないのか？

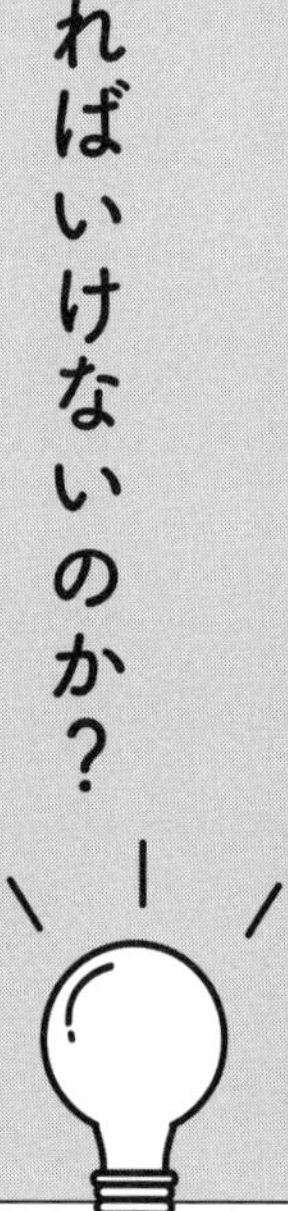

●ＡＯ入試がはじめての自己ＰＲの場にならないようにする

自己ＰＲは、場数を踏むことで上達していきます。

選んでもらうための資料を作成し、自己ＰＲをすることで、足りない部分を自覚することができ、次のチャレンジにつながっていくのです。

ＡＯ入試でかならず尋ねられる、

大学側は、「なぜ、あなたを選ばなければいけないのか」という理由を明確に言えるようにしていきましょう。

まずは**小さい規模でもいいので、「自己推薦書」を書き、自己PRをする経験を積んでおくこと**が大切です。

前項でいろいろな経験を書いた長男も、じつは本当にさまざまなことにチャレンジしようと申し込みをしていて、審査に通らなかったことのほうが多いくらいです。

それでも、チャレンジすること自体がいい経験になりますし、その結果、いくつかの賞をいただくことにもつながりました。

第2章

まとめ

☑ DKスギヤマ

- 3歳からの海外生活の経験を通じたアイデンティティーの確立＝自分軸の形成
- アメリカと比べて、日本は受け身の教育になっている
→行動（DO）が少ないと自分軸が育ちにくい

☑ 長男

- ものづくりが好きで、幼少期から自分軸がはっきりしていた
- でも、勉強よりも自分の興味があること優先。自分のこだわりが強いので、親は悩むことも…

☑ 自分軸に合った経験を積もう

- 外部プログラムに積極的に参加する
- 応募を通じて、自己ＰＲの練習をする
- 同じ興味を持っている、同世代の子とのコミュニティに入れる環境を整えてあげよう

第3章

「AO式子育て」基本編

「AO式子育て」とは?

●子どもがドライバーで、親はそのサポーター

第1章でご紹介したように、AO式子育ては、「自分軸」を持ち、失敗を恐れずに行動し、自分の未来を切り拓くことができる子どもに育てる子育て法です。

「はじめに」でも述べましたが、AO式子育ては、よく車の運転にたとえてお話ししています。

子どもがドライバー。

親は、そのサポーター。

この役割分担がとても大切なのですが、あなたのご家庭では、きちんと役割に沿って動けているでしょうか？

運転席に座り、行き先を決め、そこに向かってハンドルを握るのは「子ども」の役割です。

一方、ときには助手席に座り、車の調子が悪いときは適切にメンテナンスを行い、もしもガス欠を起こしてしまったときは後ろから押してあげる。それが「親」の役割なのです。

子どもが決めた目的地を無視して、ハンドルを奪って走らせようとする親は意外と多いもの。

でも、もし、親が決めた目的地になんとかたどり着けたとしても、そこで何がしたかったのかわからず、途方に暮れてしまうことも…。

結局、行きたかった場所もわからなくなり、迷子になってしまうのです。逆に、子どもが自分で目的地を決め、ハンドルを握り、遠回りをしてでも自分でそこにたどり着くことができれば、そこから先も自分でプランを立て、実行できるようになっていくでしょう。

現代型の子育てへ、親のマインドセットが必要！

●受け身の教育スタイルの問題点を知ろう

幼少期にアメリカの現地校で教育を受けてきたわたしからすると、日本へ帰国後、発言しづらい雰囲気の受け身スタイルの授業にはとても違和感を覚えました。

ひとりの先生が前で講義を行い、生徒たちは黙って聞いていることが評価されるスタイルでは、アウトプットの量が絶対的に不足しています。

そして、発言の機会が少ないと、聞いていなくてもその時間をやり過ごすことが簡単にできてしまうのです。

1　授業の内容が苦手で、理解できていない子は、そのままあきらめてしまう

2　得意な子は、理解している内容をずっと聞かされてうんざりしてしまう

できるだけ目立たず、できるだけ面倒を起こさず、静かにしていればいいというスタイルには、こんな問題が隠れているのです。

現在の日本は、まだ人種に多様性がなく、育った文化や環境もほぼ同じです。「違う」ことが理解されにくく、異端視されてしまいやすいでしょう。

空気を読んで、みんなと同じことをしているほうがラクなので、

・自分の考えを人に伝えることが苦手
・表現することや討論することが苦手

という、日本人のステレオタイプが激増してしまったと考えられます。

また、プラモデルなど、決まったものを一つひとつ丁寧に積み上げていくことは得意でも、イノベーションが起こせないというのも、日本の教育方法に原因があるのかもしれません。

●「親世代の常識」に縛られていませんか？

いま、教育業界はどんどん変わってきています。

それに合わせて、わたしたち「親世代」も意識を変えていきましょう。

「テストの点数が高ければ、いい大学に入れる」

「大人の言うことを聞き、まわりと同調することで、悪い評価をつけられない」

このような昔ながらの受け身スタイルの授業もまだまだ多くはありますが、主体的に授業に取り組む、いわゆる「アクティブラーニング型」の授業も増えてきています。

一般の大学入試も変化し、親世代の常識は、ますます通用しなくなってきているのです。お子さんの自分軸を育てるなら、まずは親御さんのマインドセットが必要不可欠です。

●「やってみせる」ことが教育のカギ

「やってみせ、言って聞かせて、させてみて、ほめてやらねば、人は動かじ」

という、山本五十六さんの名言をご存じでしょうか？

①やってみせ…親自身が自分軸を持った正しい行動をする
②言って聞かせて…重要なことは、子どもに何度でも伝える
③させてみて…押しつけずに行動させる
④ほめてやらねば人は動かじ…自分から行動できたことをほめる

この言葉からわかるように、**人を育てる際には、まず、伝える親自身が行動できている必要があります**。

「親が思っている通りの学校に進学を決め、大企業に就職する、または親の決めた職業に就かせる」というような古い理想にとらわれていたら、ここからお話し

する内容のすべての前提が崩れてしまいます。

この親側のマインドセットは、とても重要です。

自分が育ってきた考え方をリセットするのはとても難しいことですが、これからの時代を生きるお子さんのために、切り替えていきましょう。

お子さんも、きっとその姿を見ています。

また、本書を参考に、お子さんの「自分軸」だけでなく、ご両親も「自分軸」を持った行動ができているか振り返ってみてください。

まずは、親がやってみせることが、教育には必要不可欠なのです。

闘う場所を間違えない

●ウサギはいつも油断してくれるもの？

イソップ物語のなかでも有名な『ウサギとカメ』という童話は、みなさんご存じでしょう。

お話のなかでは、ウサギとカメがレースをします。

ウサギは足が速いので、最初はどんどん先を走りますが、途中で油断して、眠ってしまいます。そのため、遅くても確実に歩き続けたカメが勝つというストーリーです。

「得意になっていて油断をすると失敗し、コツコツ続けていればチャンスが訪れる」という教訓のお話ですね。

ただ、現実には、いつも相手が昼寝してくれるとは限りません。

むしろ、レース中に昼寝をしないウサギがほとんどでしょう。

では、そんなウサギにカメが勝つには、どうすればよいのでしょうか？

●特徴を活かせる勝負の仕方を見極めよう

まず、カメの特徴を考えてみましょう。
・硬い甲羅を持っている
・（種類にもよるが）海のなかで泳げる
・長生き
カメには、こういった長所があります。

「どちらが長生きするか？」

「どちらの背中が硬いか？」

という勝負をすれば、ウサギよりもカメが有利になるでしょう。

でも足の速さでは、この特徴は活かせないので、何度繰り返してもカメは不利なまま。勝負に勝つためには、闘う場所をうまく見極めることが重要です。

あなたのお子さんの闘う場所はどこですか？
見守る親が、それを見極めてあげましょう。

●自分の得意なことを「強み」にしていく

アルベルト・アインシュタインは次のような名言を残したと言われています。

「みなそれぞれ天才です。ただ、魚が自分の能力を木登りで判断したら、自分は一生ダメだと信じて生きることになるだろう」

さて、あなたのお子さんはどんな特徴を持っていますか？

どんな能力を持っていますか?

誰にでも特徴はあり、うまく活かせば勝算があります。

このとき、注意しなければいけないことは、「**自分のなかでの得意・不得意を考えること**」です。

他人と比べて劣等感を持ち、やっても無理と行動しない人が多いので、あくまで自分のなかに基準を持つことが大切です。

「うちの子にはこれといって特徴がない…」

と思ってしまっている親御さんは、ぜひ本書の実践編を参考に、お子さんの自分軸を探してみてください。

この考えは、社会に出てからもとても重要です。わたしはこれまで、新人社会人や就職を控えた大学生のキャリア教育セミナーなどを行ってきましたが、

「自分にはこれといった特徴がないんですが、どうしたらいいですか?」

といった不安を抱えた質問を、よく耳にします。

長年受け身型の教育を受けてきた若い世代の子どもたちは、就職活動や社会に出てから、

「自分の特徴をＰＲしなさい。自分の特徴を活かして働いてください」

と言われても、戸惑ってしまうのです。

でも、自分軸を育てていくことで、

「自分はいったい何者なのか？　何が好きで、何をしたいのか？」

という不安は解消されていきます。

小さい頃から自分軸を育てることは、入試だけでなく就職にも役立つでしょう。

自分軸が育つプレゼン型教育「Ｓｈｏｗ＆Ｔｅｌｌ」

●自分の好きなことを発表することで、自分軸をつくっていく

「自分軸を育てましょう」と言われても、実際にどうしたらいいか、戸惑ってしまいますよね。

そこで**おすすめしたいのは、「小学生時代からのプレゼンテーション教育」です**。

わたしが教育を受けたアメリカの小学校では、授業が始まる前に「Ｓｈｏｗ＆Ｔｅｌｌ」という時間がありました。

この「Ｓｈｏｗ＆Ｔｅｌｌ」とは、「気に入っている物や自慢の持ち物を持ってきて、クラスで紹介する」というものです。

毎日順番にひとりずつ、5分間ほど、持ってきた物にまつわる話をします。

・飼っている犬に自分が教えた芸を披露する
・クリスマスにもらったおもちゃを自慢する
・使い古した身体を洗うブラシの話をする

など、内容は人それぞれです。

説明が終わると質問タイムになり、「○○君、何か質問はある?」と先生が問いかけたら、なんでもいいので質問するようにうながされます。

担当の子どもは、自分が紹介した物に対する質問に、きちんと答えられるようにしておくことが大切です。

●「Ｓｈｏｗ＆Ｔｅｌｌ」のメリットを活かそう

この「Ｓｈｏｗ＆Ｔｅｌｌ」にはメリットがたくさんあります。

1　まず、人前で話すことの練習になります。

2　自分が好きな物を紹介するために準備をすることで、「なぜそれが好きなのか？」「どうしていいと思ったのか？」と、自分の興味を深堀りすることになります。

3　さらに、自分で自分の好きな物を「好き」と言うことや、先生やクラスメイトに共感してもらうことが、自己肯定感を高めることにもつながります。

4　質問に答えることで、自分が気づいていなかったことについて、さらに探究を深めることにもつながります。

5 また、ほかの人の発表を聞くことで、自分以外の人がどのように考えているのかを知り、多様な価値観を認め合うことにもつながります。

世界の諸外国と比較して、日本は自己肯定感が低いという意識調査もありますが、「Show&Tell」をすることで、それを緩和することができるでしょう。

「Show&Tell」と「プレゼンテーション」の違い

●「Show&Tell」で、自分軸を見つけ、個性を認め合う

子ども の「Show&Tell」は、大人のプレゼンテーションとは違います。上手にできるかどうか、テクニックを重視しないようにしましょう。

「Show&Tell」で重要なのは、子どもたちそれぞれの自分軸を見つけるための手法であるという点です。

人に伝えることによって自分軸を深堀りし、人と共有し認め合うことの大切さを知ることが重要なのです。

人前で堂々と話せるようになることは第2ステップくらいに考えておき、まず

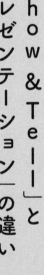

は自分の「好き」を人に伝え、共有していくことを大切にしましょう。

「Ｓｈｏｗ＆Ｔｅｌｌ」は**相手に共感すること、理解することがまずひとつめのステップです**。

子どもにはそれぞれ生まれつきの気質があり、人前に出て目立ちたがる子もいれば、静かに自分自身の声に耳を傾けていたいという子もいます。どちらがいい悪いではなく、それぞれの個性であり、多様性を認め合う場が「Ｓｈｏｗ＆Ｔｅｌｌ」なのです。

●自分に合った表現方法を見つけよう

「プレゼンテーション」の目的は、伝える側の人が、相手を納得させ、行動を起こしてもらうことです。

人前でプレゼンテーションができることは、これからも社会で求められる能力のひとつでしょう。

ただ、わたしのように人前で話すことになんの苦も感じない人もいれば、人前で話すのは苦手でも文章を書くことに長けていたり、音楽やアートなど別の表現方法を持っている人も大勢います。

いまの時代、表現方法についても、ＳＮＳなど自分を発信する方法が多岐にわたるので、きちんと人に伝える力を伸ばしながら、自分に合った方法を見つけていくことも大切です。

ただ、繰り返しになりますが、小さいうちは表現のテクニックよりも、「自分軸」を育むことから始めることを大切にしてくださいね。

納得するまで調べる習慣をつくる

●幼少期に、自由に考え、解決策を考える力を身につけよう

「テーマについて図書館などで文献を調べ、まとめ、発表する」

わたしが通っていたアメリカの小学校では、高学年になると、このようなレポート課題が宿題に出されていました。**文献を読み、疑問に思ったことをさらに調べていく過程が、問題を発見し、それを自分で解決する能力の育成に有効**なのです。

「Ｓｈｏｗ＆Ｔｅｌｌ」と「レポート発表」を経験することで、自分が知りたいこと、わからないことがあれば、納得するまで調べるという姿勢が培《つちか》われていくでしょう。

「自由に考えさせること」「自分で解決策を考えること」は、大人になってから身につけるのが難しいものです。

ですから、幼少期からの練習が欠かせません。

小学生時代はとくに、「気になることを調べていたら結果的に知識が身についていた」というような学習方法が理想的なのです。

●自分の意見を話す経験を積もう

人前で物怖じせずに自分の意見をきちんと述べるアメリカ人と、恥ずかしがって何も言わない日本人との違いは、国民性だけによるものではありません。幼少期から、「自分の話をしているかどうか」という経験の差も、大きく関係しているはずです。

わたしはこの、「Ｓｈｏｗ＆Ｔｅｌｌ」を日常的に取り入れ、自分自身と他者を深く知る力が身につくと、ＡＯ入試、会社の就職試験、プロポーズ、プレゼンなど、すべてに応用できる基礎を育むことが可能になると考えています。

いま、「Ｓｈｏｗ＆Ｔｅｌｌ」と、英語表現力を向上させるカリキュラムを構築し、サービス提供できるように進めている最中です。

サービスについては、公式ＬＩＮＥにてご案内していく予定ですので、ご興味のある方はぜひご登録ください。

公式LINE

中高生が自分軸を見つけるには？

●自分と徹底的に向き合おう

すでに中学・高校生となっている子に対しては、どのように自分軸形成をうながしていけばいいでしょうか。

わたしが開催している大学生向けの講座、「ＤＹＩＰ（Design Your Identity Program）」では、４つのステップで自分自身と向き合い、

- ・自分はどういう人間なのか
- ・自分の好きなこと、得意なことは何なのか

・自分が将来やりたいこと、成し遂げたいことは何なのか
・そのために、いま何をしなければいけないのか

といったことを徹底的に考えていきます。

●自分の人生は自分で描く

当たり前のことですが、「自分の人生は自分自身のもの」です。
しかし現代社会では、時折、他人の人生を生きている人を見かけます。
そもそも、何のために大学に進学するのでしょうか？
そこに、自分自身の明確な理由はあるのでしょうか？

「高校を卒業したら大学に行くのが普通だし、いい大学に行けば一流企業に就職できるから」

と思っているのなら、そこに自分自身の意思はありません。
「みんながそうするから」「親が言うから」という理由では、他人に自分の人生の舵《かじ》を取られている状態です。

いまの時代、就職前の大学生、就職後の社会人にも、自分の人生を生ききれずに悩んでいる人が大勢います。

でも、**いまはよくても、いつかは自分自身と向き合わなくてはいけなくなる**のです。

ですから、この機会に、親も子もしっかりと自分がどんな人間なのか考えてみてください。

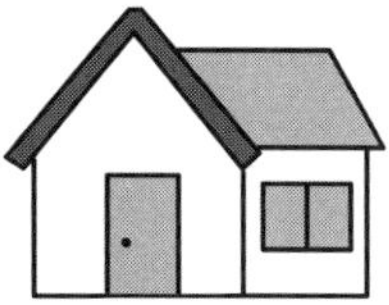

親から子へ 子どもの軸を知る「魔法のシート」

●本人が見過ごしている「いいところ」を伝える

あなたは、自分の好きなこと、自分の得意なことを10個あげることができますか？

先ほどご紹介した大学生向けの講座では、スラスラ書ける大学生があまりにも少ないので、最初はとても驚きました。自分自身を客観的に見ることがとても難しいようです。

そこで、自分のいいところや特徴を親や友人に聞いてみるように提案したところ、

・自分が気づいていなかった自分の特徴を知ることができた

・自分にとってはあまりに当たり前で特徴だと思っていなかったことが、他人から見たら評価できる点だった

というように、新たな気づきを得ることができたのです。

ここでは大学生の例でご説明しましたが、これは中学生・高校生も同じです。

本人は自分の特徴を認識せずに見過ごしているものですから、ぜひ、まわりからいいところ、特徴を伝えてあげましょう。

それが「自分軸」の形成につながっていくのです。

「ジョハリの窓」という自己分析方法があります。

自分の性格は自分が一番よく知っていると思い込んでいる人も多いのですが、実際は、自分のことゆえに見えていないことも多いのです。

自分のことを客観的に見ることが難しい学生たちには、ジョハリの窓をツール

ジョハリの4つの窓

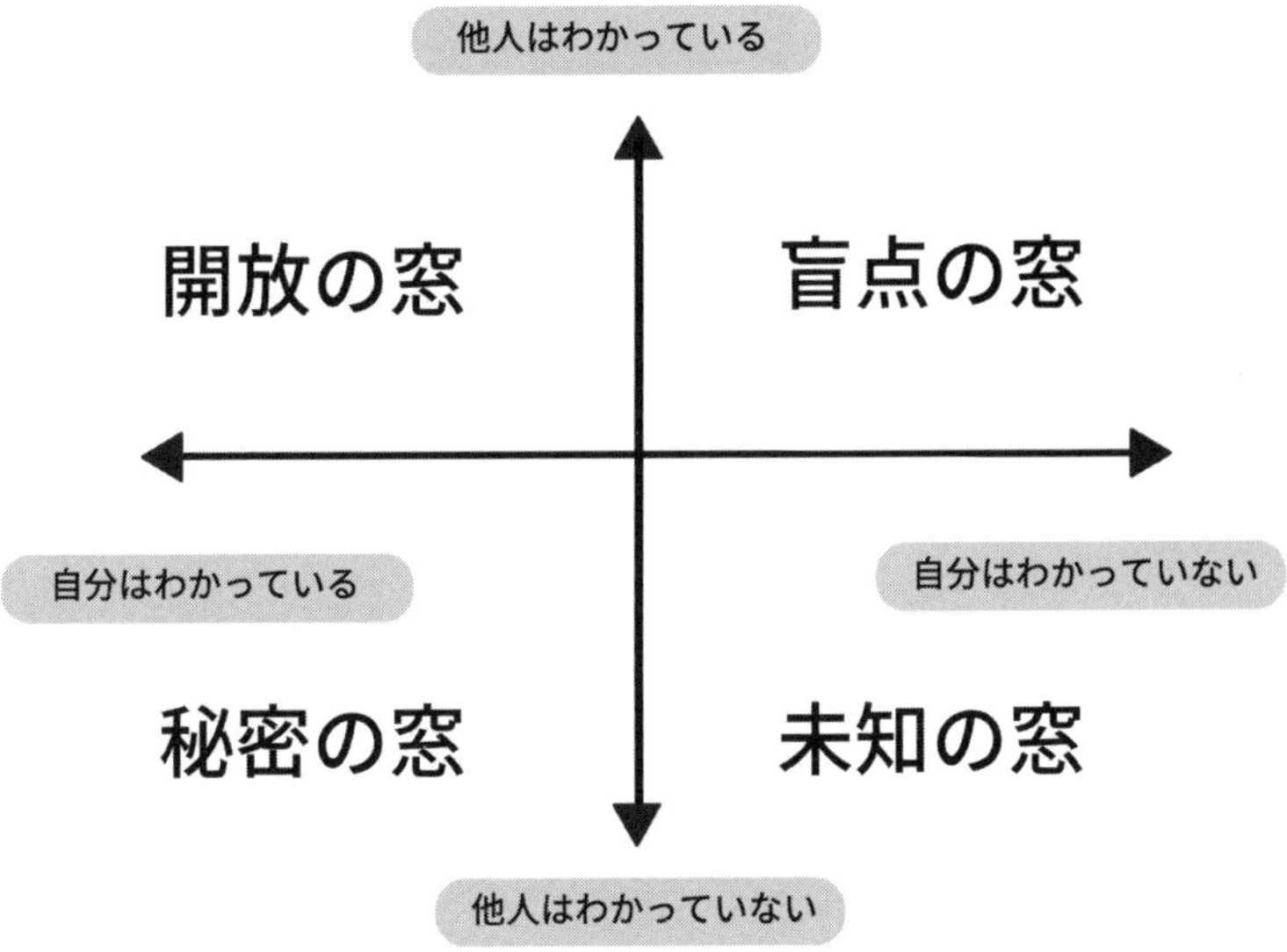
他人はわかっている
開放の窓
盲点の窓
自分はわかっている
自分はわかっていない
秘密の窓
未知の窓
他人はわかっていない

として分析してもらっています。ジョハリの窓では、自分の特性や自分に対する理解を4つの領域に分類し、それぞれを「窓」にたとえて考察するのです。「盲点の窓・未知の窓・開放の窓・秘密の窓」

個々の自己分析と、他者による評価や分析の結果を統合し、これら4つの窓に当てはめていきます。盲点の窓に当たる部分が、他者には見えていて、自分自身が気づいていない特性となり、未知の窓に当たる部分は、自分も他人もまだ知らない秘められた自分です。それを抽出していくことで、新たな自分を深掘りすることができるようになります。

大学生に実践してもらっていることですが、あなたのお子さんについても当てはめて考えることができます。

●子どもの軸を知る「魔法のシート」でお子さんの特徴を見つけよう

親は子どもが生まれてから、いまこの瞬間まで、一番よくその子の持っている特徴を知っているはずです。

・お子さんが小さい頃はどんな子どもだったでしょうか？

↓友だちと遊ぶことの好きな子、ひとりで黙々と何かに熱中する子もいます。

・小さい頃に熱中していた遊びは何でしたか？

↓お子さん自身が覚えていないような幼い頃は、その子の「素の姿」のようなものです。中高生になっても変わらない部分、それこそがお子さんの「自分軸」なのです。

中高生は多感で難しい時期ですから、親子でしっかりと話し合うのは難しいこともあるでしょう。

そこで、ぜひやっていただきたいことが、子どもの軸を知る「魔法のシート」への記入です。**子どもの軸を知る「魔法のシート」は、子ども自身が気づかない**

自分軸を見つける手掛かりになる、親から子へのプレゼントになるでしょう。

●人と比較しないで、その子のいいところを探す

中高生くらいになると、子どもから親に話してくれることも少なくなります。思考が読めなくなり、子どもが何を考えているかわからないという親御さんも多いかもしれません。もしも、

「毎日だらだらゲームばかりしていて、勉強も適当。とくに人と比べてできることなんて何もない……」

と思っている親御さんは注意しましょう。

子どもの軸を知る「魔法のシート」を書くときは、まわりと比較しないことが重要です。

いまは、まだくすぶっている段階かもしれませんが、軸が見つかれば、子どもはグングン育つ可能性を秘めているのです。

子どもの軸を知る「魔法のシート」を書いてみよう

●わが家の長男の「魔法のシート」

ここからは、実際の例をお見せしながらお話ししていきましょう。

わたしの長男の場合、「魔法のシート」を活用して次のようなことを洗い出していきました。

長男の場合を例にしてみると、第2章でもご紹介したように、彼は何かを「つくる」ことがとくに好きだったことがわかります。

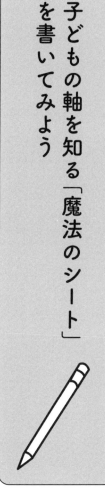

子どもの軸を知る「魔法のシート」(わが家の長男)

	0〜3歳	幼稚園時代	小学生時代	中学生時代	高校生時代
遊び	・砂場で何時間でも遊び続ける	・レゴの組み立て ・人体の骨の絵を描く ・歌って踊る	・レゴ ・オリジナルおもちゃ製作 ・パソコンでパワポやワードの文書作成 ・マイクラMOD製作	・動画づくり ・WEB製作 ・アプリ開発 ・観光	・アプリ開発 ・ARアプリ ・観光動画製作
友だちとの関わり	ひとりで黙々と遊ぶタイプ。好きなお友だちがいると、その子に物をあげる	決まった友だちより、自分の遊びに興味を持って向こうから来てくれた子と遊ぶ	理解してくれる友だちと仲良くなる サポートしてくれる仲間が集まる	部活を結成し仲間が集まる。文化祭のためにそれぞれが役割分担してつくることを経験	部活の仲間と文化祭をやり遂げる。プログラミングスクールの仲間とイベントを企画運営
すぐにできたこと(才能)	トーマスのキャラクターを全部覚えること。プラレールのレールの組み立てが得意	おもしろい遊びを考える 絶対音感 観察したものを再現する 恥ずかしがらない	算数、図工、音楽、ロボットプログラミング、みんなと違うことをすること	プログラミング おもしろいことを企画する みんなの前で発表する	アプリ開発 企画、プレゼン
エピソード	駅で座りたかったベンチに座れずに帰宅したら、その後何時間も泣いた	幼稚園でワンマンショーをしていた 友だちの家で足漕ぎ車を分解した	全校生徒の前で熱唱 ケーブルテレビで熱唱 応援団長で丸刈りに	学校初、部活動で学校公認YouTubeチャンネル開設 プログラミングキャンプで表彰	Apple世界大会入賞 アプリ甲子園ファイナリスト選出 Eテレ出演
苦手なこと	みんなと同じことをすること。 時間がきたらいまやっていることを止めること	決まったことをその通りにやること ルールのなかでその通りに動くこと	文章を組み立ててきちんと伝えること 相手の気持ちを察すること	朝起きること 学習計画を立てること 人との適度な距離感をつかむこと	学習計画を立てること
好きな本、TV	トーマス 絵本はなんでも好き	ドラえもん カーズ つくってあそぼ	図鑑 スティーブ・ジョブズの本	技術系動画 お笑い、アニメ 映画	プログラミングやAR技術、映像に関する本や動画
興味のある分野(好き)	プラレール	工作、歌、虫、骨	ロボットづくり プログラミング	アプリ開発 Apple、任天堂、グーグル、観光	アプリ開発 最先端技術 AR 観光

たとえば、幼少期は廃材を組み合わせて常に何かをつくっていました。それが成長するにつれて、レゴのロボットに変化し、さらに「アプリ」「動画」へと変化していきました。

また「つくる」ことにとどまらず、YouTube動画をつくって「配信」するところまで積極的に行っていて、アプリのデザインへのこだわりにも、彼の「表現すること」が好きな一面がよくあらわれています。

それが徐々にアプリのUI（ユーザーインターフェース）へのこだわりへと変化し、誰もが使いやすいアプリ開発へとつながっていきました。

このことから「つくること」と「表現すること」の2つが彼の自分軸であるとわかります。

また、シートにある「友だちとの関わり」の項目を見てみると、彼が人と協働して動く場合、どのような立ち位置にいるのかも自然とつかめてきます。

幼少期は、何かに夢中になっている長男のまわりに、彼がやっている遊びに興味を持った子どもたちが集まってきて、それを共有しているという構図でした。

中高生時代に、彼がまわりの仲間を認識し始め、一緒に活動を行い、何かを成し遂げるために協働するスキルを身につけていったこと。また、プロジェクトで、企画する側にいるのが多いことがわかります。

●できるだけたくさんの項目を書き出して、軸を見つけ出そう

子どもの軸を知る「魔法のシート」を活用して、子ども自身が無意識にやっている行動から、自分軸を見つけていきましょう。

項目が多いほど、自然とその子の自分軸が見えてくるので、子どもの軸を知る「魔法のシート」を書くときには、いまご紹介した長男の例の内容よりも多く、親御さんが思い出せる限りたくさんのことを書き込んでみてください。

これをお子さんの誕生日プレゼントとして渡してあげるというのもおすすめです。たとえ中高生の多感な時期であっても、親の愛情は伝わるはずです。子どもの

軸を知る「魔法のシート」を活用して、言葉にしてしっかり伝えていきましょう。

●すぐにできたこと＝才能

「すぐにできたこと」という項目には、とくに注目しましょう。

自分ではすぐにできてしまうので気づかないことこそ、その子の持っている才能なのです。たとえば、誰とでもすぐに友だちになれることも、才能のひとつです。

あまり努力せず、いつの間にかできた部分。

子どもの軸を知る「魔法のシート」を書くときのポイント！

- どんなときにイキイキしていたか？
- ひとりで遊ぶことが好き？
- そのとき何をしていた？
- 友だちと遊ぶときの立ち位置は？
  (リーダー役？　補佐役？)

その子の「才能」を親御さんが見つけてあげましょう。

「あなたのここが素晴らしい」
ときちんと言葉で伝えてあげてくださいね。

そして、項目のなかでも、

- 興味のある分野（好き）
- 友だちとの関わり
- すぐにできたこと（才能）

これらの項目にとくに目を向けて、掛け合わせてみてください。
この3項目からは、将来どんな立ち位置で、どんな分野で、どんなことを成し遂げることができるのか、その子が本来の力を発揮できるコアな部分が見えてくるでしょう。

項目と項目を掛け合わせる

●オンリーワンの自分軸を見つけよう

見つけた才能は、掛け合わせて考えてみましょう。

たとえば、「足が速い」という才能があったとしても、足の速さを究めてオリンピック選手になれるのは、ほんのひと握りの人です。

これをほかの項目とも掛け合わせていきましょう。

その子がもし、じっくりと考えたり、分析したりすることが好きなら、「足が速い×分析好き」という、ほかにはない、その子のより際立った特徴になります。

また、その子に友だちが多いという特徴があったとします。

すると、「足が速い×分析好き×友だちが多い」＝「短距離走でより速く走る方法について分析を行い、チームに貢献できる人材」という唯一無二の自分軸になり得ることに気づけるはずです。

特徴は多ければ多いほど、その子の軸ははっきりとしてきます。

一つひとつの特徴を掛け合わせることで、誰も持っていない、その子の際立った軸を見つけましょう。

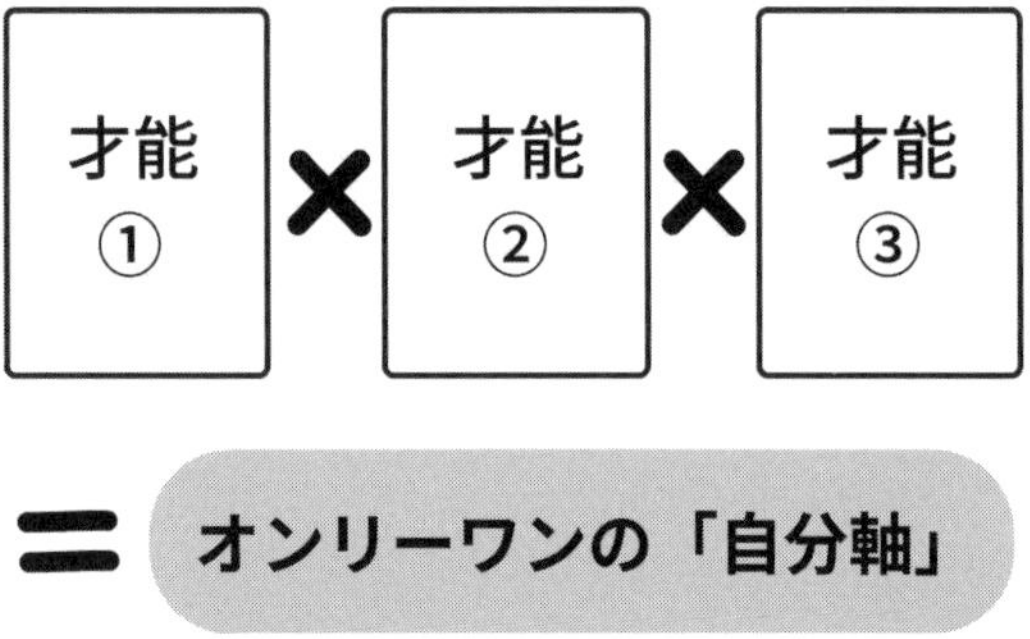

将来の目標を職業で決めない

●将来の夢を持っていますか？

多くの人が、小学生の頃には、将来の夢をたくさん持っていたのではないでしょうか？

「サッカー選手になりたい！」

「医者になりたい！」

「ユーチューバーになりたい！」

というように、夢を持つことはとてもいいことですね。

でも近頃は、**小学生の頃から夢を持てずに、「事務員になりたい」「会社員になりたい」と現実的なことばかり言う子も増えてきているようです。**

子ども心に、世の中の不安を感じ、現実的にならざるを得ない側面もあるのかもしれませんね。

とはいえ、小学校低学年くらいまでは、何かしらなりたい夢を持っている子は多いでしょう。

そこから、現実を知ることで次第に夢が打ち砕かれ、「結局、夢を語っても仕方ない」という思考に向かい、なんとなく進路を選択し続けてしまう……。

その結果、先ほど例にあげたような、自分のやりたいことが見つからない大学生が大勢出てくるのです。

●いまある職業に、無理やり自分を当てはめない

小学生くらいの子どもたちは、職業で夢を語ってもいいのですが、中学生以上になったら、職業だけで自分の将来を当てはめないようにしましょう。

世の中に名前が存在する職業は、いったいどのくらい存在すると思いますか？

医師、教師、弁護士、会計士、整備士、エンジニア、保育士、パティシエ…。

数えきれないほど、多く存在するように思うかもしれません。


日本の人口1億人以上のなかの労働力人口（15歳以上の人口のうち、就業者と完全失業者を合わせた人口）は、2021年現在で6860万人いるそうです。

でも、じつは、このすべての労働者が職業名のカテゴリに入る仕事をしているわけではありません。

個々の能力は一人ひとり違うのに、限られた数の職業に自分を当てはめようとするため、いまの子どもたちはなりたい職業が見つからないのです。

いまある職業がＡＩによって必要がなくなっていくと言われていますが、その一方で、**まだ名前のつけられていない職業（職能）が、これからの時代には求められていく**でしょう。

いまある職業に自分を当てはめていくのではなく、自分軸から、自分に合った**「職能（職務をやり遂げるための能力）」**を考えていくようにしてください。ここが、将来の夢を考えるときにとても重要なポイントなのです。

わたしは、小学生向けのキャリア教育プロジェクト、「ＤＤＤＤ（ドゥドゥドゥドゥ）」も行っています。

「Ｄ」は「ＤＯ＝行動を積み重ねよう」という意味です。

小さい頃から、キャリアも見据えて将来を思い描くことで、自分軸を育てることにもつながっていくのです。

参加者からは、

「10年後、20年後、日本や世界がどのように変化していくのか？ AI時代に持つべき生きる力とは？ といった漠然とした疑問について、親子で学ぶことができた」

「将来をイメージしながら行動に移していきます」

といった声をいただいています。

第3章

まとめ

☑ AO式子育てで自分軸を育む

- ドライバーは子ども！　親はサポーターに徹しよう
- 子どもが決めた目的地に進んでいく
- 親世代の常識は通用しなくなっている

☑ Show&Tellを取り入れる

①人前で話す練習になる
②自分の好きなことを深く知る＝自己理解が深まる
③共感されることで、自己肯定感が高まる
④質問に答えることで、より学びが深まる
⑤相手に共感すること、理解することを学ぶ

☑ 子どもの軸を知る「魔法のシート」

- 本人が見過ごしている「いいところ」を伝える
- 人と比較せず、自分のなかで得意・不得意を探す
- 見つけた得意は掛け合わせていく

第4章

「AO式子育て」超実践編

バックキャスティング・逆算思考で考えてみる

●「高校3年生」の受験に合わせて逆算する

「バックキャスティング」または「逆算思考」という言葉を聞いたことはありますか?

バックキャスティングとは、将来の「ありたい姿・あるべき姿」から「いま何をするべきか」を考える思考法のことです。

現在から未来を考えるのではなく、未来のありたい姿を考え、未来を起点にして何をどうするべきか、解決策を見つけていきます。

ぜひ、人生は、バックキャスティングで考えていきましょう。

わたしは19歳で会社を立ち上げたとき、

・40代は次の世代を育てるための事業を行う
・30代は人脈投資をする
・20代は自己投資をする

というように、バックキャスティングしました。

また、自分が40歳になったとき「こんな生活をしたい」というイメージも持っていました。

人生は一瞬です。わたしは、自分の可能性を最大限に引き出していくために、どうするべきかを常に意識してきました。この考えはAO入試においても重要です。

ここではAO入試の出願という地点からバックキャスティングし、高校3年生から少しずつさかのぼりながら、親御さんはどのようにサポートすべきかに着目し、必要な行動をお伝えしていきましょう。

高校3年生1学期から夏（直前期）にすること

●志望理由書の総仕上げをし、AO入試へ出願！

高校3年生の1学期から夏までは、出願を間近に控えた時期です。
この時点ではもう、

・「志」が明確になっていること
・「大学、学部、研究室」についての知識があること
・研究室で行いたい自分の研究内容まで踏み込んでいること

が理想的です。

もし、すでにお子さんが高校3年生になっていて、「自分軸」の深掘りに苦戦しているなら、次項から紹介する高校2年生までの項目を読んで、すぐに自分軸探しに取り組んでくださいね。

また、この時期は志望理由書の作成も大詰めを迎えます。繰り返しになりますが、志望理由は、あくまで「自分軸」をもとに書いてください。

志望大学のカラーに、ただ自分を寄せて書いてしまうと、自分が本当にやりたいこととは違う内容になってしまうのでNGです。

親御さんは、「なぜあなたのお子さんがこの大学で学ばなければいけないのか」ということが理論的に述べられているかに注意して、サポートしてあげましょう。

また、一度書き上げたあとにも、出願直前までじっくりブラッシュアップしていく必要があります。

出願書類内容では、お子さんの一番の理解者である親御さんが力になれることがたくさんあるので、お子さんが悩んでいることがあれば、いつでも相談に乗るようにしてあげてください。

●適切な指導者から、厳しい目で見てもらう経験を積む

大学によって、求められる提出書類の内容はさまざまです。

高校3年生になる前の段階で、適切な指導者を見つけてアドバイスをもらえるようにしておくと心強いでしょう。

自分では理論的に述べられていると思った文章でも、第三者から指摘され、じつは一貫性がなかったと気づくことも、往々にしてあります。

大学教授が読んだときに納得してもらえる文章を書くことは、簡単ではありません。

ここは適切な指導者から指導を受けられるか否かによって、差が開いてしまう部分です。

信頼して濃密なやりとりができる、学校の先生やAO入試対策塾の先生などを、あらかじめ探しておきましょう。

ちなみに、2022年現在、SFCでは2名から評価書を書いてもらう必要があります。直前になってから、誰に評価書を書いてもらうか考えているようでは遅すぎます。依頼される側の立場に立って、期間に余裕を持って、評価書作成をお願いしましょう。

●出願時に行うべきダブルチェック

高校3年生の夏は、一般受験に向けた勉強もあり、忙しい時期です。

ですから、あらかじめ、

・出願の締め切りなどの大事な事柄の共有
・すべての書類にミスがないかどうかのダブルチェック

を親子でしておきましょう。

出願をWEB上で行う学校も増えてきているので、出願のタイミングも重要です。期限ギリギリになると、出願が殺到することが予想されます。万が一にも、締め切り直前の送信エラーなどがないように、十分注意して提出してください。

また、WEB上での出願後に、郵送するべき書類がある場合も多いでしょう。郵便局での手続きなど、慣れないことも多いので、出願手続きには余裕を持って、最後まで気を抜かずに行うことが大切です。

高校2年生後半から高校3年生前の春休みまでに取り組むこと

●模擬出願を目指そう

高校2年生の後半から高校3年生前の春休みの間には、

・志望理由書や提出書類をいったん仕上げ、模擬出願をすること

・そのために、大学の研究内容、研究室、教授などを調べ、自分のやりたい学び、志を明確にしていくこと

・適切な指導者につくこと

を目指しましょう。

高校2年生半ばまでに、たくさんのDO（行動）を重ねた子は、失敗や経験を積んで自分軸が育ってきているはずです。

自分軸を見つけたあとは、他人との比較をしなくなり、自分をグレードアップさせることに注力できるようになります。

結果的にほかの人との差別化ができ、レアな人材として価値が上がり、「選ばれる自分」になることができるでしょう。

●行きたい大学を絞って、志望理由書を書いてみよう

高校2年生後半で、**自分軸が育ってきている子は、どのような分野で力を発揮することができるのかが少しずつ見えてきて、「この分野でこうしたい！」という思いも芽生えてきているはずです。**

高校2年生半ばまでに大学を調べ、その想いが達成できる環境があるのはどこなのかを具体的にしていきます。

どこの大学、学部、研究室なのか、どんどん調べて絞っていきましょう。

ここで一度、志望理由書を書いてみてください。

高校1年生の時点で一度書いている場合は、2回目の志望理由書の記入です。まだきちんとしたものは書けなくてもかまいませんが、ここで書くことで、きっと足りない部分、書けない部分が浮き彫りになってくるでしょう。

その足りない部分を認識し、残りの時間で書き上げられるよう、具体的な計画を立てましょう。

いきなり自分の想いを文章にするのは難しいものですから、できれば高校2年生半ばまでの間に、文章を書くことに慣れておく必要があります。

適切な指導者を見つける

●高額な塾代をかけなくても、AO入試の情報を得ることはできる

144ページでもお伝えしましたが、高校3年生になる前に、志望理由書の書類作成指導を依頼できる適切な指導者を見つけておくといいでしょう。AO入試対策塾も増えてきましたし、オンライン指導を受けられるところもあります。

最近は、AO入試経験者の「学生」が指導するAO入試対策塾も増えてきていますが、自分自身の経験を語る大学生はあくまで「ケースその1」にすぎません。

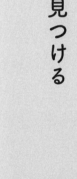

最新の情報を得られるという意味ではいいのですが、合格体験談ならばネットから無料で見ることもできます。

もしお金をかけるのであれば、本当に合格できる書類として仕上げられ、大学教授が見る視点を心得ているプロの指導者にお願いしましょう。

厳しいチェックを受けられる環境を整えてあげたほうが、結果的に子どものためになるのです。

●入試対策の有益な情報などを集めるのは親の仕事

ＡＯ入試の際、親御さんの役割は、膨大な情報から有益な情報を抽出し、提示することです。

高額な塾に入ることや、有名大学教授や著名人が参加するプログラムが受けられるかどうかよりも、志望理由書などの提出書類を個別でしっかりと見てくれるのかどうかを重視しましょう。

お子さんが必要なフォローを受けられるように環境を整えつつも、最終的にはお子さん自身の意思を尊重してくださいね。

高校2年生までに、何かコンテストの受賞歴などがあることは、たしかにわかりやすい実績です。でも、この時点で実績があることよりも、「明確な志があり、その道のりには、この大学での学びが必要です」と理論的に述べられることのほうが重要です。

まだ時間はあるので、機会があれば、自分軸に沿ったコンテストや大学が主催する外部公開プログラムやワークショップなどに、積極的に参加していくといいでしょう。

具体例は161ページでご紹介しています。こういった情報にも、親がしっかりアンテナを張っておいてくださいね。

高校1年生から高校2年生半ばまでに経験を積んでおく

●主体性を持って、多様な人々と協働して学ぶ

高校生という「自分軸」の形成時期に意識したいことは、自分の興味関心をまわりの人と共有することです。

興味関心が共通する仲間たちと、何かひとつのことに協力して取り組んでみましょう。これは、部活動でも、外部のコミュニティに参加することでもかまいません。

何を成し遂げるにしても、ひとりで行えることには限界があります。

まわりと協力することは、社会に出てからも大いに必要とされる能力なのです。

「早く行きたければ一人で行け、遠くまで行きたければみんなで行け」というアフリカの諺があります。

ひとりで素早く行動できても、達成できること、達成できるスケールには限界がありますが、チームで能力ごとに仕事を分担し、協働することができれば、大きなプロジェクトを成し遂げることができるのです。高校生の時期に、そのような活動、経験をかならずしておきましょう。

大学入学者選抜実施要項でも「主体性を持って多様な人々と協働して学ぶ態度を評価する」とあります。

AO入試に必要となる活動実績でも、ここを意識して書く必要あるので、**独りよがりにならず、仲間とともに行う活動に積極的に取り組んでください**。

●大学の学園祭、オープンキャンパスに参加し、まずは大学を知ろう

大学のオープンキャンパスは、大学の理念や特徴、教授や生徒との交流などができるので、大学を深く知るには最適な場です。

もし志望理由書や研究計画などを具体的に考えている場合は、積極的に教授に相談してみるといいでしょう。直接教授からアドバイスがもらえたら、自分の研究を明確にできる絶好の機会です。

尻込みせずに、積極的にオープンキャンパスを活用してください。

また、希望する大学の学生とも、積極的に交流を図りましょう。

その大学にどんな学生が多いのかをよく観察すると、求められている学生像が見えてくるものです。

大学によってはオープンキャンパスへの参加が出願の条件になっているところもあるようなので、注意が必要です。

高校1～2年生のうちに、いろいろなことに挑戦しておく

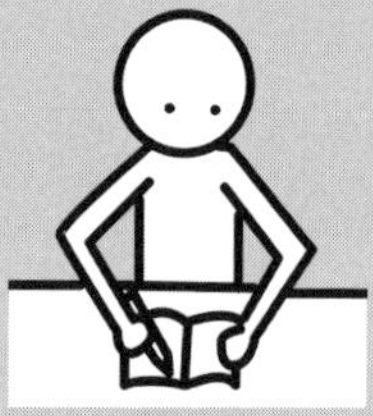

●英検などにチャレンジする

高校1～2年生の時期は、比較的まだ時間に余裕があります。

この時期に、英検などの英語資格試験にチャレンジしておきましょう。

ＡＯ入試の書類提出は高校3年生の9月頃に行いますから、少なくとも高校3年生の8月には合格証などが手元にある必要があります。

ギリギリで焦る必要のないよう、できるだけ早めにチャレンジしておくことを強くおすすめします。

志望校にもよりますが、2級はかならず取っておき、できれば準1級の取得まで目指しましょう。

また、英検以外ならIELTSという試験もいいでしょう。

こちらは5・5を取得できれば「英検準1級相当」とみなされますし、準1級よりも取りやすいと感じる学生も多いようです。

ぜひ、どちらも挑戦してみてください。

●外部プログラムには、積極的に参加する

高校1～2年生の時期は、**興味のある大学や教育機関が行っている外部公開プログラムがあるものに参加し、経験を積むことも大切です。**

161ページで、長男が実際に挑戦した、AO入試に役立つ教育機関、外部プログラム、イベントなどの一例もご紹介しています。

とくに、選考が必要なプログラムには積極的に応募してみてください。

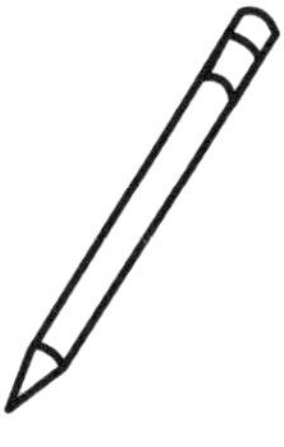

そうすることで、自己ＰＲの練習にもなりますよ。

はじめはうまく自分の考えを表現できないものですから、荒削りでもかまいません。

何度も繰り返しチャレンジし、経験値を積んでください。


この時期はひたすらＤＯ（行動）の数を増やしていくべきです。失敗や挫折も、自分のレベルを1段階、2段階、引き上げる糧《かて》になるでしょう。

また、子どもが失敗して落ち込んでいるときに、また立ち上がれるようにサポートをするのが親の大事な役目です。

ぜひ、ＡＯ式子育ての、運転手とドライバーの役割を意識しながら、二人三脚で進めていきましょう。

●自分の想いを文章にしてみる

また、高校1～2年生のうちに実際に大学から願書を取り寄せて（ＷＥＢ上で閲覧できるものもあります）、AO入試に必要な書類はどんなものなのかを調べておくといいでしょう。

取り寄せたら、まずは一度実際に書き込んでみてください。

最初は空欄ばかりになってしまったとしても、落ち込む必要はありません。

書類を書いてみることは、入試問題の過去問を見るのと同じこと。

将来、その書類に想いが書ききれないほど目一杯埋まることをイメージし、そのための活動に一つひとつ焦らずに取り組んでいきましょう。

また、文章を書くことの練習も欠かせません。

AO入試では、自分の考えをきちんと文章化できることが大事なポイントとなります。

文章を書き慣れないまま高校3年生になってしまうと、どんなに素晴らしい志や志望理由があっても、大学側に伝えることができず、スタートラインにさえ立てません。

高校1～2年生の時期から少しずつ文章を書く経験を積み、できれば適切な指導を受けることをおすすめします。

再三お伝えしてきたように、ＡＯ入試は、学業の成績も含めて総合的に評価されます。学校の勉強をきちんとすることは、大前提です。

高校の評定が出願条件になっている大学は多いもの。高校生になってからの成績は、すべて大学受験に関係してくると心得ておいてくださいね。

外部プログラムに参加しよう

・未踏ジュニア
(https://jr.mitou.org/)

・アプリ甲子園
(https://applikoshien.jp/)

・トビタテ！　留学JAPAN
(https://tobitate.mext.go.jp/)

・AIG高校生外交官プログラム
(http://www.highschooldiplomats.org/)

・ライフイズテック スクール
(https://life-is-tech.com/)

・グローバルパートナーズ ユニバーシティ
(https://www.gpu-online.com/)

公式LINE

このほかにも、最新の情報を公式LINEでご紹介していきます。
こちらもチェックしてみてくださいね！

中学生時代、思春期は接し方がカギ

●子どもの個性を知って、自分軸を育てていく

中学生の時期は、自分軸を育てる段階です。

- 折に触れて「こういうところがいいところだね」「強みはここだね」と話してあげる
- 子どもの自分軸を見極めるチャンスとして、学校見学を活用する
- 親は、子どもが部活や部外活動、学園祭などで、どんなところに興味を持っているのかを観察する

といったことに意識を向けてみてください。

モヤモヤ、悩み、反発する時期の子どもとの接し方

「中学生の時期の子どもとの接し方は、とても難しい」と言われています。大人から見ればどう考えても辻褄が合わず、幼い理屈でも、子どもには「自分のなかではそれがちゃんとした理屈だ」という想いがあるものです。

さなぎのように自分の殻に閉じこもって、モヤモヤとした時間を過ごしたり、そうかと思うと突然行動を起こしてみたり…。危なっかしいので親は心配しますが、それも自我の芽生えで大人になるための過程です。

この時期はただ放置するのではなく、そっと見守ってあげること。

とくに、上から押しつけられるようなことを嫌うので、命令をすれば反発を招くだけです。

子どもの話や意見を否定せず、まずはよく聴いてください。

そのうえで、こちらからも同じように意見を伝えます。ここでも、決して押し

つけてはいけません。

その一方で、何をしても許されるという勘違いを起こさせないことも重要です。法に触れることや、人を傷つけることはしてはいけないと繰り返し話し、万が一そのようなことがあった場合は、厳重に叱り、決してやってはいけないことをしっかりと伝えるようにしましょう。

●ゲームやネット問題は話し合いで解決する

多くの家庭の悩みのタネになるのが、ゲームやネット問題です。
近年、中学生がゲームやネットに向かう時間が増えている傾向があります。

わが家も、次男がとてもゲーム好きで、本来学生が行うべき勉強に手がつかなくなってしまったことがありました。
約束したゲーム時間が守れず、生活リズムも崩れ、きちんとしたコミュニケーションがとれなくなり、何より、そんな自分でいいのかどうかも考えられなくなっ

ている様子でした。

そのときは、怒鳴りつけてゲーム禁止という策に出たり、ネットの制限をかけたりしたこともあります。ところが、上から縛りつけると、今度は隠れてゲームをしたり、制限を解除する方法をどこかから探してきたりするため、いたちごっこでキリがありません。

悩んだ末、わが家では基本に立ち返り、話し合いを重視しました。

なぜ長時間のゲームやネットがいけないのかを繰り返し伝え、**自分から「このままではいけない」という意識を持たせるように何度も話し合いをしました。**

そのおかげで、少しずつ親子間での言い合いが減り、すれ違いもなくなっていったのです。

次男も高校生になり、いまはゲームの時間を自分で管理する意識を持つようになってきています。

「親は子どものやりたいことは全力で応援する。同時に自由は責任をともなうことを実感してもらう」というスタンスを常日頃から伝え、親子の信頼関係ができたうえで、子どもが間違った方向に向かってしまっているときには、親として厳しく叱ることも必要です。

●できれば、中学3年生で、大学も見据えた高校選びを

多くの子どもたちは、高校受験時に、一度自分の進路を考える時期を迎えます。ここで学校の進路指導の先生からは、「偏差値や知名度ばかりでなく、将来を見据えたうえで高校を選びましょう」と言われるでしょう。

でも、中学生の時点で将来のビジョンがはっきりとしているのは、オリンピックでメダリストになる子や、イチロー選手、大谷翔平選手のようなひと握りの人だけです。

多くの子どもたちが、これから志やビジョンを見つけていく段階でしょう。

多感な中学生時代に、子どもがもっとも嫌がるのは、親に押しつけられること。「○○高校にかならず入りなさい」と親が決めることは、絶対に避けてください。押しつけた分だけ、親子関係がギクシャクしてしまいます。中学受験のときよりも、自我が強くなっている分、より注意してください。

中学3年生までに、本書の内容を実践し、ぼんやりとでも「自分軸」が育っている子は、高校選びもスムーズに進むはずですよ。

●選択肢を一緒に調べて、わかりやすく提示してあげる

「真剣に行きたい高校を考えなさい」と言われても、まだ判断する基準ができていない中学生には難しいものです。

進路を考えるためには、まずどんな進路があるのかを知らないと判断ができません。

高校のさらにその先、大学についても説明をして、「まずここは選ばない」と自分で思う進路を消去法で除いていき、選択の幅を狭めていきましょう。

国立大学、公立大学、私立大学などの区分についても解説し、代表的な大学名を含め、まずは存在を知ることから始めてください。

各大学がどんな特色があるのかも知っておくといいでしょう（総合大学なのか、理系または文系に強い大学かも調べましょう）。

海外の大学についても調べておくのもおすすめです。

子どもに説明するときは、身近な人や家族がどんな大学で何を学んだのかを例として伝えましょう。このとき、やはり親の理想を押しつけないように、注意が必要です。

人気のある大学については、なぜ人気なのかを考えさせるのもひとつの手です。そのような大学は、厳しい選考を突破した人が入学を許可されるわけですから、それ相応の能力のある人、努力してきた人が集まっています。当然、そこではそのような人たちと出会うことができますよね。

自分が18歳で成人という節目を迎え、大人としてのスタートを切るタイミングで出会う仲間が、大学で決まるのです。こういった理由も選択肢のひとつになるでしょう。

ぜひ親子で一緒に考えながら、子どもに合った学校を探してあげてください。

勉強は「義務」ではなく「権利」

●子どもは、勉強が必要だとわかると自然にやるようになる

「勉強しなさい」と毎日言ってばかりいても、子どもは一向に勉強をしません。

それよりも、なぜ勉強をするのかを理解してもらいましょう。

自分で必要だと思うことで、勉強をするようにもなるものです。

たとえば、このように伝えてみてください。

「勉強をせずに、なんとなく高校に進み、そのまま就職する未来」と、「いま

の能力を最大限活かして勉強をして高校、大学に進学した未来」。

もし将来、何かやりたいことができたとしたら、どちらが、自分のやりたいことを実現できる像に近い？

勉強をすれば、自分が選ぶ側に立てるようになるよ。

でも、勉強をしなければ、狭い選択肢のなかでしか選ぶことができなくなるね。

いま、何をしたいのかわかっていないのであれば、未来のあなたが、自分の道を選べるように準備しておこう。

そのための勉強だよ。

そもそも中学までは義務教育ですが、高校以降は親として教育を受けさせる義務はありません。**勉強できる環境が当たり前ではないということがわかると、感謝の気持ちがわくものです。**

そういったことについても、日頃からしっかり話していくことで、子どもの勉強への姿勢も徐々に変わっていくでしょう。

●進路は子どもの自主性で選択してもらうもの

教育のしくみは、投資とは違います。

でも、昔の父親によくありがちだったのは、「お金を出しているんだから、子どもは勉強して当たり前だ」と親の決めた進路に進ませようとする「投資家」気質を持ち込んでしまうことです。

ビジネスにおける投資は、

・お金を出し、意思決定する人物＝享受する人物

ですから混乱がありません。

ところが、教育における投資は、

・お金を出す人：親（父親が多い）
・意思決定する人：親（母親が多い）
・享受する人：子ども
と人物が異なるため、軋轢《あつれき》が生じてしまいます。

とくに経営者層は、合理的思考の方が多いものです。

でも、子育ては、**親の思うようにいかないことだらけで、まさに非合理の連続。遠回りすることも当たり前のようにあります。**

経営者の父親からすると対極のことばかりで、どうしたらよいのかわからないという声もよく聞きます。

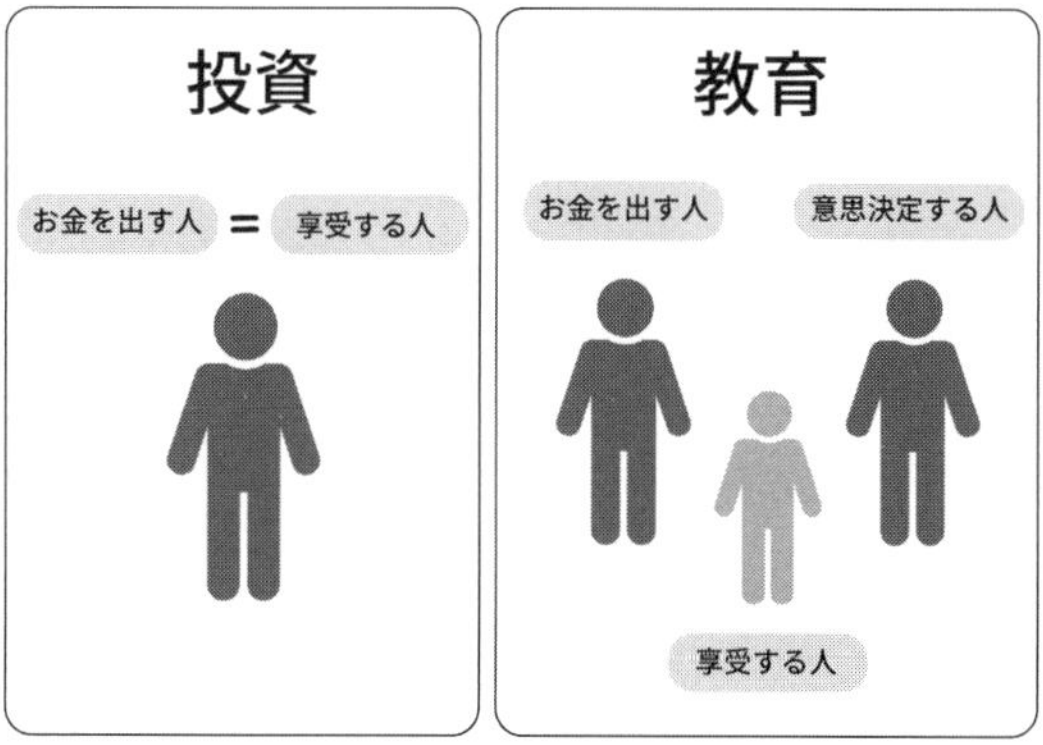

また、子どもの考えや意図がわからないために、自分の考えを押しつけてしまいがちになることもあるのでしょう。

ただ、**親がどれほど教育に投資していても、子どもの進路を決めるのは子ども自身であるべきです**。

とはいえ、まだまだ未熟な中学生。たいした情報もないのに進路を決定するのは無謀なこと。

親は子どもが納得できる進路を決定できるように、適切な情報を得られるようなサポートをしてあげましょう。

小学生時代に「個性」を見つけていく

●自由な時間を与え、わが子の興味関心を見極める

小学生の間は、自分軸をつくる前の、個性を知る時期です。

親は、子どもが何に興味があるのかを見極め、環境を整えてあげましょう。

「自分の子どもとはいえ、その子が何に興味を持つかを予想するのは難しいのでは?」

と疑問を感じる親御さんもいるかもしれません。

子どもは一人ひとり、個性が違います。

とにかく子どもを観察して、何に関心があるかを見極めましょう。

わが家の4人の子どもたちも、それぞれみんな関心事が違いました。

どんな環境を用意したらいいかは、子どもによって変わるものです。

ぜひ、自由な時間に何をしているかを観察して、その子の軸を探りましょう。

ただし、ゲームやYouTubeは、長時間没頭させるようにつくり込まれているので、除いて考えます。

また、わが子の興味関心に近いと思われる環境を与えてあげてください。

子どもは生まれながらに個性を持っていて、本来なら発揮するのに力はいりません。

でも、親が個性を知ろうとせず、環境を用意できなければ、自分軸を育む機会を失ってしまいます。

まずは子どもが興味を持つことに対して、親御さんもぜひ興味を持つようにしてください。一緒に楽しむことで、子どもは喜んで自分からどんどん次のステップに進もうとしますし、どんどん力をつけていくでしょう。

子どもの興味の持つものに、一緒に興味を持つ

自由時間に
自分から何をしている？

興味のあるものから
その子の個性がわかる！

ゲームやYouTube
以外の興味を探そう！

興味関心に合った環境をつくろう

基礎的な学習には、どう取り組むか

●無理やり勉強させるのは逆効果

もし大学進学までを見通すのであれば、やはり基礎的な学力はなくてはならないものです。そのためにも、学習習慣をつけていくことは必須です。

ただ、小学校低学年までの子どもに、過度なストレスをかけることは禁物です。単純な計算の繰り返しなど、プリント学習を大量に課す親御さんも多いようですが、嫌がる子どもに無理やりやらせる必要はありません。

あくまで「学習習慣をつけること」を優先しましょう。

最初は、「毎日机に向かって勉強をする」ということができるようにすることが大切です。

内容は、難しい漢字の書き取りや計算ドリルなどを無理やり進める必要はありません。

好きなことや得意なことは何か、一方、苦手なこと、不得意なことは何か、子どもの個性を親が知っていきましょう。

問題も、その子に合った適切な量と難易度のものにするよう心がけてください。

小学生の時期に勉強嫌いになってしまうと、その先の長い学びのすべてに悪影響を及ぼしてしまうので、親として、おおらかな気持ちでサポートしてあげましょう。

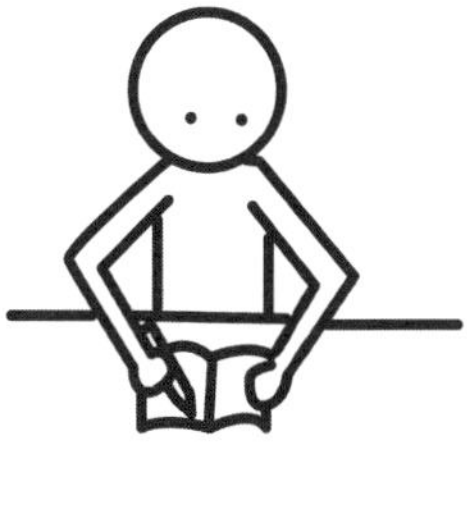

小学生のうちに、自ら目標を掲げ、成し遂げる努力をする経験を

●小学生のうちは、とくに親が伴走してあげる

わが家では毎年元旦に、1年の目標を色紙に書くことを習慣づけてきました。これはアメリカではよく行われることで、わたし自身が毎年かならず続けてきたことです。日本でも、「1年の計は元旦にあり」という諺がありますね。書いた色紙は目に入る場所に掲げておき、年初に立てた目標に向けての努力を続けているか、日頃から確認するようにします。

小学生のうちはとくに、親が意識づけしてあげない限り、自分で目標を立て、達成に向けて行動を起こすことは困難です。

わが家では一人ひとり自分で目標を立て、それができているのかを振り返る習慣をつけてきました。

ここで大切なのは、子ども本人が「自分で」目標を立てるということです。言い出しっぺは自分なので、逃げ隠れできません。

はじめはちょっとした目標でもいいでしょう。ちょっとした目標が少しずつ大きくなり、「野球の都大会で優勝する」という目標になった場合、「それを達成するには何が必要なのか？」についても一緒に考えさせます。大きな目標を掲げても、到達するための具体的な行動がわからなければ、絵に描いた餅にすぎません。

大きな目標達成には一段一段クリアしていくべき段階があることを知ってもらい、わが子が少しずつ目標達成までのプロセスを自分で組み立てていくことができるようになるのが理想です。

わが家の3人の子どもに合わせた受験の違い

●受験は、きょうだいでも違う

昨今の中学受験の過熱ぶりは、凄まじいものがあります。

中学受験は子どもの成長につながるいいきっかけであることは事実ですが、ともすれば親が主導権を持つことで、間違った方向に向かってしまう危険性もはらんでいると感じています。

わが家は3人とも、本格的な中学受験カリキュラムにすべてのっとって勉強をしたとは言い難いものでした。

それは、3人とも勉強への向き合い方や勉強に対する資質が違ったため、それ

それ異なるアプローチで中学受験に取り組んだ結果、まったく違った受験を経験することになったのです。

ここでは、わが家の子どもたちの個性に合わせた受験の違いを、参考までにお伝えしましょう。

●長男

長男の場合は、毎日やりたいことが目白押しで、勉強のために机に向かわせることだけで、とても労力を要する子でした。

低学年の頃は彼にとって適度な難易度の学習に毎日取り組む、と決めていました。気が乗ったときは多めに取り組むこともありましたが、できない日も…。

それでも過度なストレスなく、それなりの学習習慣をつけることはできていたと思います。

受験までの道のりの詳細は、第2章をご覧ください。

●次男

長男と同じように、毎日の学習の習慣をつけるためのプリントを数枚行っていましたが、もともと面倒くさがりな次男は、スピードは速いものの取り組みが粗いところが多く、じっくり丁寧に問題に向き合うことが苦手なところがありました。

また、次男に関しては、勝ち負けのはっきりしたスポーツやゲームに興味を持つことがわかりました。小学2年生のとき、「どうしても地元の野球チームの体験に行きたい」と懇願されチームの練習に参加。そこで心から楽しんでいる次男の表情を見てその日のうちに入部を決め、**6年生まで野球を続けながら、中学受験の勉強を両立させました**。

次男の場合は、友だちと切磋琢磨して力をつけるタイプだったため、ある程度人数のいる集団塾に4年生から通いました。野球チームで副主将という立場でいたことや、地元野球の選抜メンバーに選ばれたことで、野球のシーズン最後まで試合に出ることを彼自身が決め、12月半ばの最後の公式試合まで出場。

人一倍面倒くさがりの次男が、キャッチャーという過酷なポジションを最後までやり抜いたことで、粘り強さを身につけることができたと感じています。

受験勉強一本になったのはそれ以降でしたが、中高一貫校に進学を決め、大きなものを得た受験でした。

●三男

三男は、長男や次男と気質が違い、自分ができると確信が持てるまでじっくりと物事を進める慎重な性格です。そのため、勉強面で焦らせることは禁物だと考え、先取り勉強よりも、文章題を一日に1問から数問だけ、じっくりと取り組む時間を持たせました。

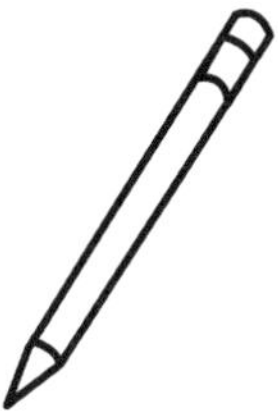

一番大切にしたのは読書習慣です。言葉に対して敏感で、「それってどういう意味？」とよく聞く子だったので、文章を丁寧にきちんと読むことができるよう

になり、結果的に思考力がつきました。
三男は次男の影響で小学1年生のときから地元野球チームに所属。3年生で副主将、4年生から6年生まで主将を務め、普段は恥ずかしがり屋で目立ちたがらない性格にもかかわらず、野球チームのなかでは、仲間を引っ張っていくべき立場となり、その責任を果たす経験を得たことで、自信をつけていきました。

6年生になった頃、新型コロナウイルスの影響で大会がなくなり、活動もできなくなったことをきっかけに、中学受験勉強を1年間、自宅とオンライン学習のみで行い、チャレンジ。志望校合格には届きませんでしたが、この1年間の受験勉強は、彼にとって大きな自信につながった経験だったと感じています。

慎重な性格の三男の場合、家庭学習をしていたことで、6年生になるまで偏差値を意識する競争の世界と無縁の生活をしていたことがよかったようです。
低学年から塾に通い、偏差値を見て常に人と比べられる状況下に置かれたとき、子どもはいったいどう思うでしょうか。

「勉強すること＝人との競争」ととらえ、「偏差値が高いことが人より優れていること」だと勘違いを起こしかねません。**偏差値が低いことで、不要な劣等感を感じることは、勉強に苦手意識を植えつけることにつながります**。とくに低学年でそのような勘違いを起こしてしまうと、あとで取り返しがつかなくなってしまうことも…。

三男は塾に通わず、6年生の春から自宅で受験勉強に取り組み、偏差値はあくまで受験する学校を選ぶうえでの参考ととらえていました。親が偏差値に惑わされず、地に足をつけた心持ちで接することはとても大切だと実感した日々です。低学年から丁寧に考える姿勢を養ってきたことが功を奏し、短期間で、中学受験レベルの文章題をじっくり読んで粘り強く考えることができるようになりました。受験勉強は短期間でしたが、とくに算数の力がぐんとつき、中学3年生の現在は、数学で難問に取り組むことにも抵抗を感じなくなったようです。

中学受験はゴールではなく通過点であると、改めて強く感じています。

子どもの「できない」が目についてしまうときには…

●結果だけにとらわれない

塾から出された宿題が思うようにこなせない、覚えることが膨大で点数が取れない、親が教えようとして喧嘩になる…といったことはありませんか？

わが家でも経験があるので、よくわかります。

これらの悩みの根底にあるのは、「目の前のわが子によりよく成長してほしい」という想いです。だからこそ、わが子ができないことに焦り、わが子が低い順位をつけられたときに悲しみ、わが子が勉強しないことに苛立つのです。

ただ、よく考えてみると、わが子によりよく成長してほしいのに、点数が取れないからと言って罵《ののし》ったり、否定したり、怒鳴ったりすることで、結果的にはどんどん「いい成長」から遠のいていることに気づかされます。

中学受験、高校受験は、あくまで成長のなかのプロセスです。もちろん、合格・不合格どちらかの結果が突きつけられる世界ですから、合格に向けて努力をします。

とはいえ、**不合格だったとしても、その子がそれまで努力してきたことがムダになるわけではありません**。

知識や能力、そして目標を見据えて努力する力は確実に上がっているのです。

●失敗を恐れない子は、失敗をすべて受け入れる親のもとで育つ

失敗は、その場であきらめれば失敗のまま。

でもチャレンジし続ければその先に成功が待っています。

とくに中学受験は、その最たるもの。高校受験、大学受験、その先の人生において、中学受験で不合格だったことで、すべて失敗に終わる人がいるでしょうか？もしいるとしたら、それはまわりの大人がそうしてしまったことにすぎません。

中学受験に合格することに人生最大の価値があると、間違った価値観を植えつけられてしまったら、子どもは、おそらく立ち直れないほど傷ついて、その先のチャレンジを恐れてしまうようになるでしょう。

合格だけを見据えた情報にあまり踊らされず、それぞれの子どもに寄り添って、丁寧に導いてあげる必要があると、わたしは考えています。わが子だけでなく、わたしが関わっているたくさんの親子に対しても、この点については強調しています。

親が決めるのではなく、ぜひ子どもが自分で考えて決める経験を積ませてあげてください。そして自分で決めたことには全力で努力をさせてください。

自分で決めたことだから、それができるのです。

もし失敗してしまっても、「挑戦したことが素晴らしい」と心から思える親でいることも、忘れずにいたいものです。

失敗を恐れない子は、失敗をすべて受け入れる親のもとで育ちます。

行動する数が多ければ、失敗の数も増えます。子どもが失敗したときには、長い目で見たときに成功に変えていけばいいだけです。

子どもの自分軸を育てる環境を整え、じっくりと待ちましょう。芽が出て、花が咲くのは、いまではないだけなのです。

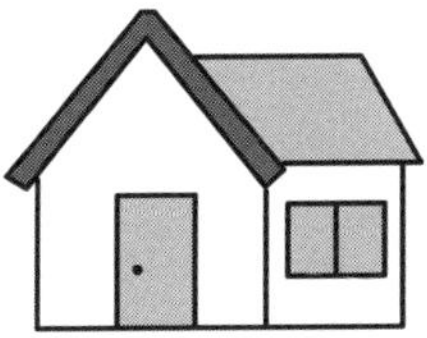

幼少期の個性の育み方

●常に「大好き」と伝え、抱きしめることで挑戦できる子に育つ

幼少期に何よりも大切なことは、自己肯定感を育むことです。

親の絶対的な愛情を存分に受けることで、子どもは「安心できる場所」があることを知ります。それがあることで、はじめて外に一歩を踏み出すことができるのです。

一方、ここで愛情を感じることができずに育つと、木にたとえると幹と根っこが貧弱な木になってしまいます。

子どもには「何かができるから」大好きなのではなく、「そのままのあなた」

が大好きだと伝えることがもっとも大切です。

毎日、かならずハグと一緒に「大好き」と伝えましょう。

くじけず、チャレンジできる子どもの一番の強みは、親御さんからの絶対的な愛なのです。

●子どもの個性に合わせて育て方も変わる

誰ひとり同じ子はいない――。

そんな当たり前のことを、わたし自身、4人の子育てを経て、やっと理解できたと実感しています。

きょうだいでもまったく違う、個性的な子どもたち。

一人ひとりに対して、オーダーメイドの子育てをする必要があるのです。

いま振り返って思うのは、**基本的な生活習慣は、何度も何度も伝え続けることが大事だということです。**

一度で聞いてくれる子もいますが、もし聞いてくれないなら、繰り返し、根気強く伝え続けていくことが求められます。

一度聞いてすぐにできる子は、聞き分けがいいかもしれません。

でも、もしかしたら、言われたことを言われた通りにすることしかできなかったり、長い目で見たときに自分軸が育ちにくい子だったり——という可能性もあります。

そうとらえると、親の言うことを聞かず、苦労する子は、自分軸のしっかりした子なのです。

●ときには毅然と叱る

自分軸を大事にしながらも、社会のなかのルールを守ることも、親として伝える必要があります。

親として毅《き》然《ぜん》とした態度で叱るべきことの重要ポイントは、次の2つです。

1 命に関わること

2 相手やまわりの人を傷つけること

この2点については、「なぜいけないのか」ということをわかりやすく、子どもでも「これはただごとではないな」と思うような厳しい態度で伝えましょう。

また、叱るときの注意点は「行動を叱ること」です。

人格否定はしないようにしてください。

何が間違っていたのか、子どもにはっきりと伝えることがポイントです。

子どもが集中しているときは、話しかけずに見守る

●夢中になれることを大切にしよう

夢中で何かをしているときこそ、その子が持つ宝物、まさに「自分軸」が芽吹こうとしているときです。

この時期の「夢中」が「自分軸」の原点になるので、決して摘み取らないようにしましょう。**子どもの「やってみたい」を引き出す秘訣は、「ちょっとだけ見本を見せて、できたらたくさんほめる」**ということの繰り返しです。

このとき、成果物を評価しないように心がけましょう。

子どもが「できたー！　見て見て！」と言ってきたら、全力でほめてあげてく

ださい。「過程をほめる」のを意識するといいですね。

「ここがよくない」「このほうがうまくいくよ」「○○ちゃんのほうが上手だね」と言って比較したり評価してしまうと、自分軸の芽は摘み取られてしまいます。

ぜひ、わが子が何かに夢中になれること自体を、子どもと一緒に喜んであげてください。

●子どもと全力で遊び、自分軸の芽生えを応援する

わたし自身が親になった年齢が早かったこともあり、長男とはとくに、小さい頃は一緒に思いきり遊んでいました。

子どもと一緒に公園に行くと、「こうしたらどうなるかな？」「こんな遊びを思いついた！」とワクワクしながら一緒に楽しんでいたのは、いい思い出です。

小さな子どもは、毎日が発見の連続。

大人にとってはなんでもないような小さな発見が、その子が次の興味を広げるための小さな芽なのです。

子どもが感じたことにじっくりと耳を傾け、それを一緒になって「不思議だね〜」と疑問を持つ。そして、一緒に本などで調べてあげましょう。

決して知識をすり込もうと必死にならないでくださいね。

不思議をたくさん見つけ、自分で調べ、発見する喜びを知ると、その分野にまた別の興味を持って自分から学んでいくようになります。

これが自分軸の芽生えなのです。

忙しくても、毎日のコミュニケーションを欠かさないようにしましょう。この時期にしかない、子どもの純粋な目から見える世界を、ぜひ、一緒に楽しんでください。

幼少期の子どもに完璧を求めない

●子どもの「ちょっと前進」に目を向けよう

誰にでも欠点はあります。小さい子どもなら、なおさらです。

でも、そんな小さい子を相手に、「何でこれができないの?」と足りないことばかりに目を向けてはいませんか?

できないことは、できることの裏返しです。できないことが多いのは、その分、できることも突出しているのかもしれません。

できることを見つけて、伸ばしてあげましょう。

できない、苦手なことでも、放置できないことがらもあるものです。そういう場合も、急がず、じっくり、できないレベルを下げていくことを目指しましょう。

苦手なことを注意するよりも、前よりも少しできたという、「ちょっとの前進」に目を向けてほめてあげてください。その子なりの成長を親がしっかりと受けとめてあげることで、子どもは、少しずつ苦手を克服していけるのです。

●親自身も自分を認める

ここまでたくさんのことをお伝えしてきましたが、親にとって重要なことは、「子ども自身に、自分の人生を歩ませる」というひと言に集約されていきます。

小さい子は、後も先も考えず、ひたすら「いま」を生きています。

ですから、大人が立てた予定通りに物事を進めることは、まずできません。

子どもと一緒にやりたかったことがまったくできなかったとしても、無事にその日を過ごせたことだけで、親であるあなた自身に100点をあげましょう。

わが家の子育ても、毎日必死で、一日を無事に過ごすことだけで精一杯の日々が続きました。**まずは親が自分にマルをあげないと、子どもにおおらかに接することもできませんよね。**

子どもはそれぞれに個性を持って生きる権利があります。

それぞれの個性に合わせて、対応が変わってくるのも当然です。

子育てにも完璧はありません。子どもと安全に一日過ごせたことだけでも十分だと、親御さんも、自分自身に声をかけてあげましょう。

子育て中に、ほんの少しでもこの著書の内容を意識して行動できていたら花丸です！

父子のコミュニケーションは、どうする？

●毎日話をする時間（習慣）をつくろう

おとうさんがお子さんとどうコミュニケーションをとったらいいのかわからない、子育てにどう関われればいいか難しい、といった相談を受けることがあります。

そんなとき、わたしは、

「まずは普段から少しでいいので、お子さんと過ごす時間を意識的につくるのがいい」

とお伝えしています。

たとえば、わたしは小学4年生の末娘と、できるだけ朝一緒に学校に行くようにしています。同学年で、親子で通っている人は見かけませんが、アメリカでは親が子を学校に連れて行くのが当たり前だったため、わたしには違和感がありません。

毎朝の約10分、手をつないでいろいろな話をします。ここで学校での出来事について娘から話を聞いたり、次の日曜日にどこに行こうかといった話をします。なんでもないことに思えるかもしれませんが、この毎朝の10分がなければ、娘と一日中会えない日もあります。もし何日も娘と話をしない日が続いたら、壁ができて、

「何を話したらいいかわからない…」

ということになってしまう可能性もあるのです。

上の子どもたちが小学生のときも、長男とは英語サークルで一緒に活動したり、次男・三男とは野球の朝練に一緒に行ったりと、何かしら習慣づけを意識していました。**おとうさんは、毎日の習慣の中に子どもとの時間を意識的につくってみ**

てください。

もし毎日の習慣に取り込むことがどうしても難しいのであれば、少なくとも学校行事や発表会など、子どものがんばりを見られるような機会は逃さずに、かならず観に行くようにしましょう。

参観して子どもの様子をほめてあげると、それだけでも子どもが、

「ちゃんとおとうさんは見てくれているんだ」

と感じるきっかけになります。

●いざというときも、日々のコミュニケーションが大事

小さい頃から子どもと密に接していると、子どもが大きくなってからも、1対1で出かけたり、一緒に食事に行ったりしてよく話をすることができます。

子どもと話すときには、基本的に細かいことには口出しせず、彼らのことを認め、ほめてあげてください。

そうすると、不思議と子どもたちは父親に認めてもらえるという安心感、さら

にはその信頼を失いたくないという気持ちが芽生えるのです。

わが家の場合は、妻が勉強の成績などを見て、具体的なアドバイスをしているので、父親の出番となるタイミングは、

①母親に対してひどい行動をとったとき

②「ここぞ！」というギアチェンジが必要なとき

の2つです。

子ども自身が父親に認めてもらえていると思えていると、父親を失望させたり、本気で叱られたりすることに敏感になります。

そうすると、普段はうるさく言わなくても、先ほどの2つのタイミングで父親がビシッと言うと、中高生くらいの子どもにも行動に変化が見られるでしょう。

「ここぞ！」というときに威厳のある父親でいるためにも、父親自身が自分を高める努力を惜しまないことはもちろんですが、それ以前に子どもを見守り、認めてあげていることが大前提です。

まずは、日常のコミュニケーションをとる時間をつくるところから始めましょう。

親子のコミュニケーション

日頃から親子で話す時間を持とう

普段は、子どもを認め、ほめてあげる

叱るポイントは２つ！

①親に対して
ひどい行動をとったとき

②「ここぞ！」という
ギアチェンジが必要なとき

ほめて育てることの危険性とは

●結果だけをほめない

昨今、ほめて育てることの重要性を、よく耳にしませんか？

わたしも大賛成です。

ただ、この点に関して、いくつか間違えてはいけないポイントがあるとも考えています。

なんでもほめていたら、どんなことが起こるでしょうか？

たとえばこんなケースです。

子どもがテストで100点を取って、親が「すごいね！」とほめたとします。ほめているので、一見問題がないようにも思えますが、100点という結果に対してのみほめてもらえると子どもが受け取ると、「100点を取れなかったらダメな子なのでは？」と、とらえてしまうこともあるのです。

こういう事態を防ぐには、100点を取った**結果と、そこまでの子どものがんばりに対してもほめてあげることが大切です**。

「100点を取ってすごいね！　集中して先生のお話を聞けたからだね。この内容のこういうところも理解できたんだね！」といった具合に声かけします。

仮に100点が取れなくても、こう伝えてあげてください。

「間違えてもいいよ。いまわからないことをじっくり考えることができるだけですごいことだから、一緒に考えていこう！　次はできるようになるよ！」

そして、間違えた問題の解き直しを丁寧にしてあげましょう。

正解することより、答えを出すまでの道のり、プロセスをほめるようにするのです。

とくに小学校低学年までの子に対しては、結果ばかりに目を向けることで、勉強嫌いになったり、新しいことにチャレンジすること自体を恐れるようになってしまうのが心配なところです。

まずは、DO（行動）できたこと、それ自体が素晴らしいのです。

また、とりあえずなんでもほめるということを繰り返していると、「自分がやることはすべて正しい」という勘違い人間ができあがってしまいます。過剰な自信家やナルシストと、自己肯定感の高い人とはまったく違います。

親のほめ方によって、その後の子どもの心の持ち方に変化があることを理解し、ほめ方にも十分注意しましょう。

プロセスをほめることが、一番のキーワードです。

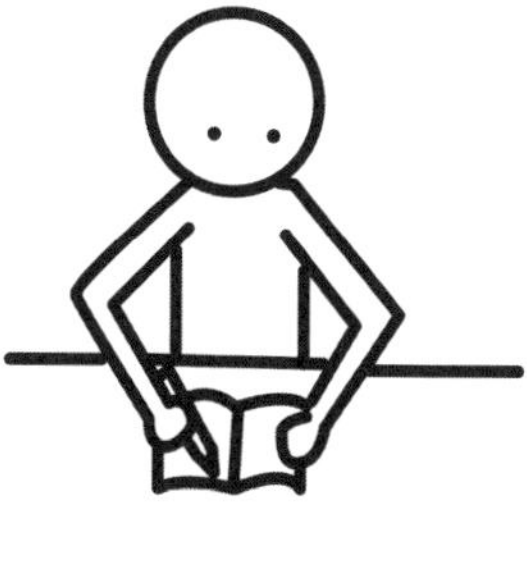

第4章

まとめ

☑ **1　高校3年生1学期から夏（直前期）**

- 志望理由書の総仕上げをし、ＡＯ入試へ出願！

☑ **2　高校2年生後半から高校3年生前の春休みまで**

- 行きたい大学を絞って、模擬出願をしてみる
- 適切な指導者を見つけておく

☑ **3　高校1年生から高校2年生半ばまで**

- 大学の学園祭、オープンキャンパスに参加
- 資格試験や外部プログラムに挑戦（他者との協働を経験する）

☑ **4　中学生時代、思春期**

- 子どもの個性を知って、自分軸を育てていく（意見を否定しない）
- 進路の選択肢を一緒に調べて、親がわかりやすく提示してあげる

☑ **5　小学生時代**

- 自由な時間を与え、個性を見つける
- 無理やり勉強させるのは逆効果

第5章

あなたの「ＡＯ式子育てスキル」チェック

すべての年代共通のチェックリスト

●「自己肯定感」を育てられていますか？

自己肯定感とは、簡単に言うと「長所も短所も含めたそのままの自分を大切に思えること」です。わが子が自分の短所について極度に気にしていたり、自分を否定していたりする場合、まずは親であるあなたが、**その子の短所もすべて含めたお子さん自身を愛しているときちんと伝えましょう**。

「自分のことを短所も含めて受け入れてくれる人がいる」

とわかると、お子さん自身もありのままの自分のことを大切に思えるようになり、安心して何かに打ち込むことができるのです。

チェックリスト

☑ 欠点ばかりに気を取られず、
お子さんのいいところを10個即座に答えられますか？

☑ わが子の興味関心事について、
あなたも一緒に興味を持っていますか？

☑ すぐに結果を求めていませんか？

☑「きょうだいみんな一緒の教育」という考えを
持っていませんか？

☑ 1年に一度はその子のいいところを直接伝える
「プレゼント」を贈っていますか？

誕生日が
おすすすめ！

☑ 親の価値観を子どもに押しつけていませんか？

☑ 親自身が自分の人生を楽しんでいますか？

☑ 親自身が日々学ぶ姿勢を持っていますか？

☑ わが子に「大好きだよ」と、日頃から伝えていますか？

☑ 親自身のエゴに、わが子を付き合わせていませんか？

☑ 子どものことを信じてあげられていますか？

幼少期のチェックリスト

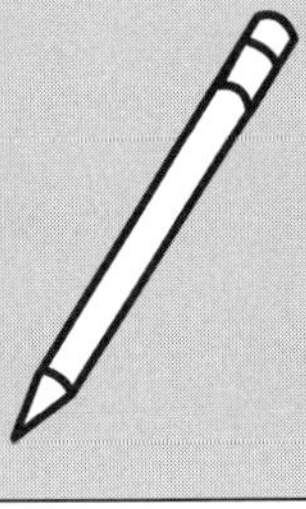

●常に大好きを伝えて愛情を注ぐ

親の絶対的な愛情を存分に受けることで、子どもは「安心できる場所」があることを学びます。

親御さんからの絶対的な愛を受け取っている子は、くじけず、チャレンジできるようになるでしょう。

自分軸を育むためにも、幼少期に何よりも大切なことは、子どもの自己肯定感を育てることです。

幼少期のチェックリスト

☑常に大好きを伝え、抱きしめてあげていますか？

☑好きなことを存分にさせて、才能を伸ばしてあげていますか？

☑叱るとき、間違っている「行動」をはっきりと伝えていますか？
（子どもが「自分のことが嫌いなのだ」と感じてしまうような、人格否定の叱り方をしないようにしましょう）

☑テレビ・ビデオ・ＤＶＤ・ＹｏｕＴｕｂｅ・ゲームなどのルールを決めていますか？

☑教え込まず、子どもと一緒に考えていますか？

☑欠点ばかりに目を向けず、得意なことを伸ばしてあげていますか？

☑「きょうだいだから、与える環境はみんな一緒」とは考えていませんか？

☑やってあげるより、自分でできるためのサポートをしてあげていますか？

小学生のチェックリスト

●子どもの考えを尊重しながら、個性を伸ばそう

小学生の時期には、無理に勉強に取り組ませたり、偏差値や学力を気にしすぎたりしない心がけが重要です。

親は子どもの考えや個性をしっかり観察して、子ども自身の興味関心を大切にしてあげましょう。

小学生のチェックリスト

☑わが子と、毎日コミュニケーションが
とれていますか？

☑声がけが「勉強しなさい」の
一点張りになっていませんか？

☑誰かとの比較で、勉強のモチベーションを
上げさせようとしていませんか？
（とくに低学年のうちは、偏差値は関係ありません。
高学年でも偏差値ばかりで子どもを評価しない
ようにしましょう）

☑家庭のなかで、自分の意見を伝える機会を
持たせていますか？

家庭内
「Show&Tell」

☑ゲームやネットの危険性について話し合っていますか？
そのうえでルールを決めていますか？

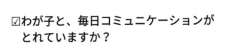

中高生のチェックリスト

●成長を見守りながらも、言葉や態度で愛情を伝えていく

多感な時期ですから、様子を見守りながら、「あなたのことを大切に思っているよ」「どんなことでもひとりで抱え込まないようにね」と繰り返し伝えてあげましょう。反応が薄くても、親の無償の愛は、かならずわが子に伝わりますよ。

日々の生活に追われていると、つい見落としてしまうこともたくさんあります。チェックリストの確認は1回で終わらせず、**ぜひ定期的に見返し、わたしたち親自身の生き方も含めて振り返りたいですね。**

中高生のチェックリスト

☑ 最低でも１年に一度、わが子とこれまでの自分を振り返る活動をしていますか？

☑ 照れ臭くても、「あなたのことが大好き」というメッセージを伝えていますか？

☑「プレゼンテーション能力」を養えていますか？

☑ 声がけが「勉強しなさい」の一点張りになっていませんか？

☑ ゲームやネットの危険性について話し合っていますか？

☑ 学校や友だちのこと、地域や社会の出来事について、話せていますか？

☑ 本や新聞を読むようにすすめていますか？

親の行動も
見られています

☑ 最後までやり抜くことの大切さを伝えていますか？

☑ 自分の考えをしっかり伝え、文章化できるようになることを重視していますか？

自分を選んでもらうための
活動に挑戦しよう

☑ 自分が将来、社会にどう貢献できるか、考えさせていますか？

☑ わが子がのびのび育つ環境を、整えてあげていますか？

☑ 基礎的学力をつけるために、適切な家庭学習時間を持たせていますか？

☑ 結果ばかりを評価していませんか？

☑ 親の価値観を押しつけていませんか？

第5章

まとめ

☑ まず子どもの「自己肯定感」を育てていこう

☑ 幼少期のチェックリスト

- 常に大好きを伝え、抱きしめてあげる
- 好きなことを存分にさせて、才能を伸ばしてあげる
- 「与える環境はきょうだい一緒」とは考えない

☑ 小学生のチェックリスト

- 子どもと毎日コミュニケーションをとる
- 「勉強しなさい」の一点張りで強制しない
- 家庭内「Ｓｈｏｗ＆Ｔｅｌｌ」の機会を持つ
- ゲームやネットのルールを決めておく

☑ 中高生のチェックリスト

- 最低でも１年に一度、これまでの自分を振り返る
- 「あなたのことが大好き」というメッセージを伝える
- 最後までやり抜くことの大切さを伝える
（親自身の行動も、子どもたちに見られている）
- 親の価値観を押しつけない
- 「子育てで悩むのは当たり前」と考える

第6章

未来ある子どもへのメッセージ

未来は自分でつくり出そう

●自分を分析し、他人との比較で悩まない「軸」を持とう！

この章では、中学生・高校生である君が、未来をしあわせに生きるために知ってほしいことを伝えていくよ。高校生になったら、自分軸を見定めるために、自己分析シートへの書き込みをしてみよう。

おとうさんとおかあさんは、君の応援団長。

これまで育ててきてくれたなかで、君を一番よく知っているよ。

だから、**自分を知るために、おとうさんやおかあさんにもいろいろなことを聞いてみよう。**

1　好きな状態

人とつながっている？
人に囲まれている？
ひとりでいる？
自分がリーダー？
追従？
人に何かを伝える？
しくみを考える？
新しい物をつくる？
表現する？

2　達成感を感じたこと

人に感謝されたこと
勝負で勝ったこと

何かをつくったこと
それはなぜ、達成感を感じたの？

3　憧れの人

リーダー？
教育者？
大富豪？
思想家？
政治家？
お笑い芸人？
身近な人？
歴史的人物？
その人に憧れる理由は何だろう？

4　自分はラクにできるけど、ほかの人にはできないこと

ほかの人にとっては大変なことなのに、自分はそんなに苦労せずにできること
は何だろう？
まわりの人に聞いてみよう。

5 納得のいかなかった出来事と理由

これまでに「納得できない」と思ったのはどんなこと？
なぜそう感じたの？

6 世の中でおかしいなと思うこととその理由

世の中で起こっていることを目にしたとき、「おかしいな」と思ったことはない？
なぜそれをおかしいと感じたの？

7 将来の理想の姿

いつも新しいことをしてワクワクしたい？
毎日の変化はあまりないほうがいい？

手に職をつけて黙々とそれに打ち込んでいたい？
人を育てることをしたい？
勝負で勝つように、ビジネスで売上1位を狙いたい？
誰かを支えていたい？
自然豊かな暮らしがしたい？

8　興味のある分野と、いま行っている活動

毎日やっていることは何？
何をしているときが充実しているのかな？
何を考えていると、時間を忘れて没頭できる？
友だちとどんなふうに関わっていることが多いのかな？

●8つの質問に共通することって何だろう？

8つの質問の答えから、自分の軸が見えてくるよ。

それから、将来やりたいことを、「職業」より、「職能（職務をやり遂げるための能力）」から考えてみよう。

君は、どこで、どんなふうに活躍できるのかな？

勝負する場所を間違えないように、君の個性を活かせる場所を探そう。
君の個性を活かすために、身につけておくべき知識や学びは何だろう？
必要なことが学べる大学、学部をどんどん調べてみよう!!

● Why choose you?（なぜ、あなたを選ばなければいけないのか？）

大学側の「なぜ、あなたを選ばなければいけないのか？」という問いに対して、答えを明確に言えるように準備をしよう。

大学選びについては、どう考えているかな？

大学を選ぶのは、君自身。明確に、行きたい大学を選ぼう！

でも、大学を知らないと選べないから、まずはちゃんと大学を知ろう。

最初は、なんとなく知っている大学から見るのもおすすめだよ。

でも、自分を知らないと、大学を見てもピンとこないかも。

大学を知ることと同時に、自分を知ることも意識しよう。

将来どんな自分でいたいか、想像してみてほしい。

たとえば、「お金持ちになる！　社会的地位を築く！」というのもいい目標だね。

でも、お金は、社会で何か価値を提供したからこそ、その対価で支払われるものなんだ。

だから、お金持ちになるということは、何かしら社会に価値を提供する必要があるということだよ。君はどんな分野で、どんな仲間と、どんな形で世の中に価値を提供できるかな？

そもそも自分がどうしたいのか、じっくり時間をかけて考えてみてね。

世の中で起きていること、知らないことにも目を向けて、もし気になることがあったらどんどん調べて、とにかく行動を起こしてみよう。


それに、どんどん失敗してほしい。

いまから失敗を恐れていたら、一生成功なんてできないよ。

成功者は、失敗をし続けてきた最後に、成功しているにすぎないんだ。

わたしは19歳ではじめて起業して、一度も就職を経験せずにここまで走ってきた。

ビジネスで価値を提供することについて、脳みそが枯れるほど考えて行動してきた。

いまもずっと考えて、行動し続けているよ。


これからは「個」がそれぞれに自分の得意分野を持ち、ときには協力し合って社会の問題解決を図っていくことが求められていくはずなんだ。

「どこかの大企業に就職すれば安心」なんていう世の中じゃないから、君だけにしかない君だけの力を、社会に還元してほしい。

一人ひとりがかけがえのない才能を持っているからこそ、若い君たち一人ひとりが自分の最大の力を発揮して、協力し合っていけば、世の中を変えてくれると、わたしは本気で思っているんだ。

君はまだ、本来持ち合わせている能力を持て余しているんじゃないかな？

知らないことが多すぎて、まだまだ学び足りないはずだよ。

過去に先駆者たちが残してくれた知識を貪欲に学んで、吸収して、その知識を力に変えて、世の中のイノベーターになってほしい。

そのために、自分に合った大学を選んで、大学受験をしてほしい。

だから学び続けよう。

0から1を生み出し、イノベーションを起こすための準備はこれからだよ。

第6章

まとめ

☑ 自分を分析し、「自分軸」を知ろう

- 自分軸ができると、他人との比較で悩まなくなるよ
- 自分のことを知るために、両親にも聞いてみよう

☑ 8つの質問から、自分軸を見つけよう

1 自分の好きな状態は？
2 達成感を感じたことは？
3 憧れの人は？
4 自分には簡単だけれど、ほかの人にはできないことは？
5 納得のいかなかった出来事は？　その理由は？
6 世の中でおかしいなと思うことは？　その理由は？
7 将来の理想の姿は？
8 興味のある分野と、いま行っている行動は？

☑ 将来どんな自分でいたい？

- 将来の姿を想像して、大学を選ぼう
- どんな大学があるのかも知っていいこう
- 失敗を恐れず、自分の才能・個性をどんどん発揮していこう！

おわりに

お子さんが生まれた日には、同時に3人の人間が生まれます。
「生まれた赤ちゃん」と、その「おとうさん」と「おかあさん」という存在です。

わたしには4人の子どもがいますが、すべての出産に立ち会いました。

この世に新しい命が誕生した日は、まわりの景色が違って見えたものです。

そのときの、言葉にならない心からの感動を、いまも覚えています。


あなたも、お子さんが生まれた日のことを思い出してみてください。

どんなにうれしかったことでしょうか。

小さな小さな存在を、どんなに愛おしく感じたでしょうか。

きっと、「自分の命にかえても、この存在を守らなくてはならない」と強く感じたことでしょう。

子どもが生まれてきてくれたことによって、わたしたちは「父親」「母親」になることができました。その瞬間に一度立ち返ってみてください。

「親」という役割には、なんの免許も資格も必要ありません。そのため、子育てについて何もわからず、迷ったり、間違えたりしてしまうこともあるでしょう。

でも、親として一番大切なのは、子どものしあわせを見届けることです。人として成長し、しあわせになった子どもの姿をしっかりと見届けましょう。

毎日の忙しさや、日常の雑多なことに急かされ、目の前の些細な競争に翻弄され、一番大切な存在を不幸にしてはいけません。

わが家の三男は、家族でバーベキュー中に大火傷を負い、数週間入院したことがあります。一歩間違えればかけがえのない存在を失っていたかもしれないと思うと恐ろしく、

「防ぐことができる事故だったのに…」

と親として自分を責めました。

幸いなことに後遺症もなく、いま元気に過ごしてくれていることは、本当にありがたいことなのだと痛感した出来事です。

子どもが元気でいてくれることは、当たり前ではないのです。

そして、ここにわたしたちが存在するということは、祖先に感謝しなければなりません。

子どもたちがお世話になった品川区にある専修幼稚園の園長先生であり、浄土宗寺院専修寺住職でもある甘利直義先生からお聞きした話をご紹介します。

みなさんには、かならずご両親がいらっしゃいます。そのご両親にもそれぞれにおとうさんとおかあさんがいます。お祖父さんお祖母さんにも。10代さかのぼると、どのくらいの人数になると思いますか？ 1024人です。20代さかのぼると104万8576人。そのうちのどなたかひとりでもいなければ、自分は存在しない。

それだけの大切な命のつながりがあって、いまの自分があるのです。

ですから、この「いま」という瞬間、時間、時代、場所に生きているのは奇跡的なすごいことなのです。このように、人として生まれてくるのは当たり前のことではなく、非常に難しく、貴重でありがたいことであり、そのことをわたしたちは認識しなければいけません。

わたしたちも、そして子どもたちも、祖先から受け継がれてきたかけがえのない存在です。

その一人ひとりが、祖先から受け継いだ奇跡とも言える存在である自分を大切にし、そして自分を知り、自分の力で力強く生きていく術《すべ》を知り、さらにその子どもたちにも伝えていくことができれば、人類がこれまで経験したことのないスピードで変化している現代においても、きっとしあわせに生きていくことができると信じています。

目の前のお子さんのことを命がけで守ること。

生まれてきてくれた瞬間に感じた想いを、常日頃から意識することは難しいかもしれませんが、ぜひこの本を読んでくださったあなたには、一度、思い返してほしいのです。


生まれてきてくれてありがとう。

親にしてくれてありがとう。

命がけで見守る存在がいることは、本当にしあわせなことです。

あなたの「お子さんのことを心から大切に想う気持ち」があれば、子どもはかならずあなたを心から大切に想うようになります。


どんな仕事よりも価値のあるものが「子育て」。

そして、どんな仕事にも勝る役割が「親」です。

命がけで守るべき存在が、いま、目の前にいるあなたのお子さんです。

ぜひ、抱きしめてあげてください。

この本を読み終えたら、わが子に「生まれてきてくれてありがとう。大好きだよ」とぜひ伝えてあげてください。

その行動が、子ども、家族、日本の想像もしない未来をつくっていくのです。

ＤＫスギヤマ

第１話 「Do ちゃんとの出会い」

何かを始めるとき、最初は誰でも不安になるものです。
未来をつくるために「DO（行動）」する大切さを、マンガでもわかりやすく紹介しています。
（『Doちゃんと僕』（ロールモデル：DKスギヤマ／作画：一秒）
下記QRコードから全編ダウンロードできますので、ぜひチェックしてみてください。

【Special Thanks（敬称略）】
赤松清、安藤千穂、石野啓太、江尻道代、岡大志、大泉勉、岡田吾一、奥山大地、金山卓真、白川大貴、
酒井亜土、櫻井千夏、佐々木広行、竹内正行、田中裕規、新川隆啓、橋本真樹、平瀬智樹、平塚隆介、
松澤秀樹、山本晃子、京都医塾、グローバルパートナーズ株式会社

●プロフィール
DKスギヤマ
株式会社ILI　代表取締役社長／『私の哲学』編集長
一般社団法人受験フードマイスター推進協議会　代表理事
グローバル・ビジネス・プロデューサー

1979年東京都生まれ、ニューヨーク育ち。慶應義塾大学総合政策学部卒業／慶應義塾大学大学院経営管理研究科修了（MBA取得）。

AO入試にてSFCに入学し、大学時代に教育コンサルティング会社を立ち上げAO入試指導を行う。

経営歴23年、結婚20年、3男1女（長男・大学2年生、次男・高校2年生、三男・中学3年生、長女・小学4年生）の父親。

事業家として多くのビジネスを手がけるかたわら、行動を起こせる人材（DOer）を育成するDO塾を運営。ライフワークとして、企業や大学、小学校などで講演活動を行っている。

著書に『行動する勇気』（フォレスト出版）、『運を動かせ』（ディスカヴァー21）、『DDDD（ドゥドゥドゥドゥ）「行動」だけが奇跡を起こす』（自由国民社）などがある。

装幀／宮澤来美（睦実舎）
本文デザイン・組版／宮島和幸（KM-Factory）
装画・イラスト／遠藤庸子（silas consulting）
校正／永森加寿子
編集／星野友絵・大越寛子（silas consulting）

【世界標準】AO式子育て

初版1刷発行　●2023年5月23日

著　者　DKスギヤマ
発行者　小田実紀
発行所　株式会社Clover出版
〒101-0051　東京都千代田区神田神保町3丁目27番地8 三輪ビル5階
TEL 03-6910-0605
FAX 03-6910-0606
https://cloverpub.jp
印刷所　日経印刷株式会社

ISBN978-4-86734-145-2　C0037